HISTOIRE DE L'EXPÉDITION

DE LA FLOTTILLE

DE BATEAUX A VAPEUR

de la Seine.

HISTOIRE DE L'EXPÉDITION

DE LA FLOTTILLE

DE BATEAUX A VAPEUR

de la Seine :

Les Dorades, les Étoiles, le Zampa, la Parisienne et le Montereau,

ENVOYÉS PAR LE GOUVERNEMENT FRANÇAIS A LA RENCONTRE DE LA DÉPOUILLE MORTELLE

DE L'EMPEREUR NAPOLÉON ;

Précédée d'un précis de l'expédition de Sainte-Hélène,
et suivie d'un coup d'œil
sur les cérémonies qui ont eu lieu à Paris ;

D'après MM. le baron Emmanuel de Las Cases, l'abbé Félix Coquereau, Eugène de Monglave, plusieurs officiers de la frégate *la Belle-Poule* et de la corvette *la Favorite*, et les capitaines des bateaux à vapeur *les Dorades* et *les Étoiles.*

He wants not this ; but France shall feel the want
Of this last consolation, though so scant ;
Her honour, fame and faith demand his bones
To rear above a pyramid of thrones ;
Or carried on ward in the battle's van,
To form, like Guesclin's her talisman.
But be it as it is — the time may come
His name shall beat the alarm like Ziska's drum.
        (LORD BYRON's *the age of bronze.*)

Qu'importe où s'élèvera sa tombe ! au Panthéon de Rome ou au Panthéon de Paris ! Mais la France voudra cette dernière consolation, bien faible hélas ! Son honneur, sa gloire, sa fidélité réclament ses ossements pour les déposer sur une pyramide de trônes, ou pour les porter à l'avant-garde au jour de bataille, comme un talisman semblable à la poussière de Duguesclin. Quoiqu'il arrive, le temps peut venir où son nom donnera le signal d'alarme comme le tambour de Ziska.

Se vend

SUR LES BATEAUX A VAPEUR ;

ET A PARIS ;

AUBERT ET Cie,
Galerie Véro-Dodat.

LAVIGNE, LIBRAIRE,
4, rue du Paon.

1841

Dans les journées des 6, 7 et 8 décembre 1840, une flottille de bateaux à vapeur, composée de la *Dorade* n° 1, capitaine Grimard; la *Dorade* n° 2, capitaine Pagès; la *Dorade* n° 3, capitaine A. Garay, ancien officier de la marine royale, directeur de la compagnie des *Dorades*; l'*Etoile* n° 1, capitaine Vivesse; l'*Etoile* n° 2, capitaine Blondin; l'*Etoile* n° 3, capitaine Duval; l'*Etoile* n° 4, capitaine Decheux; le *Zampa*, capitaine Landry; la *Parisienne*, commandée par M. Dumoulin, inspecteur-général de la navigation de la Seine; et le *Montereau*, capitaine Dulong, descendait la Seine par ordre du gouvernement pour aller au-delà de Rouen, au val de la Haye, demander la dépouille mortelle de l'empereur Napoléon et son brillant cortége à la flottille de bateaux à vapeur, d'un plus fort tonnage, qui était allée les chercher à Cherbourg, à bord de la frégate la *Belle-Poule* et de la corvette la *Favorite*, venues de Sainte-Hélène.

C'est l'histoire de cette expédition, dont le souvenir ne s'effacera pas sur les rives de la

Seine, qu'un témoin oculaire entreprend de raconter.

Elle est précédée d'un résumé historique de la mission de Sainte-Hélène, dont les matériaux ont été puisés dans les publications de MM. le baron Emmanuel de Las Cases, l'abbé Félix Coquereau, Eugène de Monglave, et dans les entretiens des officiers de la *Belle-Poule* et de la *Favorite*, embarqués sur la flottille de bateaux à vapeur de la Seine.

Un coup d'œil sur les cérémonies qui ont eu lieu à Paris en forme le complément obligé.

PRÉCIS

DE

L'EXPÉDITION DE SAINTE-HÉLÈNE.

Depuis vingt ans, l'ombre de Napoléon reposait solitaire, abandonnée, dans la vallée de Sainte-Hélène, sous la garde des Anglais. De temps à autre seulement, un vaisseau français, se détournant de sa route, allait jeter l'ancre dans la rade de James-Town ; et l'équipage, gravissant les hauteurs de l'île, courait s'agenouiller pieusement sur la tombe du grand homme. Des divers points du royaume, la pétition d'un vieux soldat, qui avait servi sous l'empereur, venait parfois aussi protester contre cet oubli de la nation, et demander un coin de terre française pour le héros législateur qui avait tant fait pour la France. Ces pétitions étaient toujours renvoyées à l'unanimité au président du conseil des ministres : mais tout se bornait là. Enfin, peu après l'avénement du cabinet du 1er mars, M. Emmanuel de Las Cases, membre de la chambre des députés, qui avait vécu, bien jeune encore, à Sainte-Hélène, auprès du grand homme, prévint M. Thiers, président de ce cabinet, qu'il lui adresserait une interpellation dans le but de savoir quelle suite serait donnée à ces pétitions; mais M. Thiers lui demandait sans cesse d'ajourner son interpellation : une négociation était ouverte à Londres au sujet de la dépouille mortelle de l'empereur.

Et en effet, M. Guizot, alors ambassadeur de France à Londres, écrivait au vicomte Palmerston : « Le soussigné, ambassadeur extraordinaire et ministre plénipotentiaire de S. M. le roi des Français, conformément aux instructions qu'il a reçues de son gouvernement, a l'honneur d'informer S. E. le ministre des affaires étrangères de S. M. la reine des royaumes unis de la Grande-Bretagne et d'Irlande, que le roi a fortement à cœur le désir que les restes de Napoléon puissent reposer en France, dans cette terre qu'il a défendue et illustrée, et qui garde avec respect les dépouilles mortelles de tant de milliers de ses compagnons d'armes, chefs et soldats, dévoués avec lui au service de leur patrie.

» Le soussigné est convaincu que le gouvernement de S. M. britannique ne verra dans ce désir de S. M. le roi des Français qu'un sentiment juste et pieux, et s'empressera de donner les ordres nécessaires pour que les restes de Napoléon soient transportés de Sainte-Hélène en France. »

Trois jours après, lord Palmerston répondait à M. Guizot : « Le soussigné, principal secrétaire d'état de S. M. pour les affaires étrangères, a l'honneur d'accuser réception de la note qu'il a reçue de M. Guizot, ambassadeur extraordinaire et ministre plénipotentiaire de S. M. le

roi des Français, et qui exprime le désir du gouvernement français que les restes mortels de Napoléon puissent être rapportés en France. Le soussigné ne peut
mieux répondre à la note de M. Guizot qu'en trans-
mettant à S. E. copie d'une dépêche que le soussigné
a adressée hier à l'ambassadeur de sa souveraine à Paris,
répondant à une communication qui avait été faite à
lord Granville par le président du conseil (M. Thiers)
sur le sujet dont traite la note de M. Guizot. »

Voici la lettre du comte Granville au vicomte
Palmerston, dont il est question dans cette dépêche :

« Mylord, plusieurs pétitions ont été présentées
dernièrement aux chambres françaises à l'effet d'obtenir que le gouvernement français prenne des mesures
auprès du gouvernement anglais pour en avoir la permission de transporter les restes mortels de l'empereur
Napoléon de Sainte-Hélène à Paris. Ces pétitions ont
été favorablement accueillies par les chambres, qui les
ont renvoyées au président du conseil et aux autres
ministres. Le conseil ayant délibéré sur la question,
et le roi ayant donné son approbation à la délibération
prise, M. Thiers m'a adressé officiellement la requête
du gouvernement français, demandant que le gouvernement de S. M. la reine permette de transporter le
corps de l'empereur à Paris, faisant observer que rien
ne pouvait mieux cimenter l'union des deux nations,
et faire naître des sentiments plus amis de la part de
la France vis-à-vis de l'Angleterre, que l'acquiesce-
ment du gouvernement britannique à cette demande.»

Voici maintenant la réponse du vicomte Palmerston
au comte Granville :

» Mylord, le gouvernement de S. M. ayant pris en
considération la demande faite par le gouvernement
français à l'effet d'obtenir de rapporter de Sainte-Hélène
en France les restes mortels de Napoléon Bonaparte,
vous pouvez assurer M. Thiers que le gouvernement
de S. M. accédera avec grand plaisir à cette demande. Le
gouvernement de S. M. désire que la France regarde la
promptitude avec laquelle nous donnons cette réponse

comme un témoignage du désir du gouvernement de S. M. britannique d'éteindre jusqu'aux derniers restes de ces animosités nationales qui, pendant la vie de l'empereur, maintinrent en armes les deux nations. Le gouvernement de S. M. britannique a la conviction que, s'il existait encore quelques traces de ces sentiments hostiles, ils seraient enfermés dans la tombe qui va recevoir les restes mortels de Napoléon. Le gouvernement de S. M. et le gouvernement français prendront ensemble les mesures nécessaires pour la translation de ses cendres. »

Deux jours après, le comte Granville écrivait au vicomte Palmerston : « A votre dépêche qui m'informait que le gouvernement de S. M. britannique avait accédé à la demande du gouvernement français et donné la permission de rapporter en France les restes de Napoléon Bonaparte, j'ai l'honneur de répondre que je n'ai pas perdu un moment pour adresser une note à ce sujet à M. Thiers, et que depuis j'ai reçu une visite de S. E. qui m'a chargé d'exprimer de la part du gouvernement français au gouvernement anglais combien il avait été sensible à la promptitude que l'on avait mise à accéder à ses désirs. »

Le lendemain, il ajoutait : « M. Thiers vient de passer chez moi, en se rendant à la chambre des députés, et m'a informé qu'aujourd'hui même le gouvernement du roi allait demander aux chambres un crédit pour le transport des restes mortels de Napoléon Bonaparte de Sainte-Hélène en France. C'est le prince de Joinville qui commandera le bâtiment de guerre sur lequel les commissaires se rendront à Sainte-Hélène, et par lequel seront rapportées en France les cendres de l'empereur. »

Et, en effet, ce jour, 12 mai 1840, au milieu de la discussion d'un projet de loi d'intérêt général, M. de Rémusat, ministre de l'intérieur, demandait la parole pour une communication du gouvernement. « Messieurs, disait-il, le roi a ordonné à S. A. R. monseigneur le prince de Joinville (*mouvement d'attention et de curiosité*) de se rendre avec sa frégate à l'île Sainte-Hélène (*mouvement général*) pour y recueillir les restes mortels de l'empereur Napoléon (*Explosion d'applaudissements*).

» Nous venons vous demander les moyens de les recevoir dignement sur la terre de France et d'élever à Napoléon son dernier tombeau (*Bruyantes exclamations*). Le gouvernement, jaloux d'accomplir un devoir national (*Oui! oui!*), s'est adressé à l'Angleterre, et lui a demandé le précieux dépôt que la fortune avait remis dans ses mains. A peine exprimée, la pensée de la France a été accueillie....

» La frégate, chargée des restes mortels de Napoléon, se présentera, au retour, à l'embouchure de la Seine; un autre bâtiment les rapportera jusqu'à Paris; ils seront déposés aux Invalides. Une cérémonie solennelle, une grande pompe religieuse et militaire inaugurera le tombeau qui doit les garder à jamais.

» Il importe, en effet, messieurs, à la majesté d'un tel souvenir, que cette sépulture auguste ne demeure pas exposée sur une place publique, au milieu d'une foule bruyante et distraite. Il convient qu'elle soit placée dans un lieu silencieux et sacré, où puissent la visiter avec recueillement tous ceux qui respectent la gloire et le génie, la grandeur et l'infortune (*Vive et religieuse émotion*).

» Il fut empereur et roi, il fut le souverain légitime de notre pays (*marques éclatantes d'assentiment*). A ce titre, il pourrait être inhumé à Saint-Denis; *mais il ne faut pas à Napoléon la sépulture ordinaire des rois*. Il faut qu'il règne et commande encore dans l'enceinte où vont se reposer les soldats de la patrie, et où iront toujours s'inspirer ceux qui seront appelés à la défendre. Son épée sera déposée sur sa tombe.

» L'art élèvera sous le dôme, au milieu du temple consacré par la religion au Dieu des armées, un tombeau digne, s'il se peut, du nom qui doit y être gravé. Ce monument doit avoir une beauté simple, des formes grandes, et cet aspect de solidité inébranlable qui semble braver l'action du temps. Il faudrait à Napoléon un monument durable comme sa mémoire. (*Très-bien !*)

» Le crédit que nous venons demander aux chambres a pour objet la translation aux Invalides, la cérémonie funéraire, la construction d'un tombeau.

» Nous ne doutons pas, messieurs, que la chambre ne s'associe avec une émotion patriotique à la pensée royale que nous venons d'exprimer devant elle. (*Oui ! oui ! bravo !*)

» Désormais la France, et la France seule, possédera tout ce qui reste de Napoléon. Son tombeau, comme sa renommée, n'appartiendra à personne qu'à son pays. La monarchie de 1830 est, en effet, l'unique et légitime héritière de tous les souvenirs dont la France s'enorgueillit. Il lui appartenait sans doute, à cette monarchie, qui, la première, a rallié toutes les forces et concilié tous les vœux de la révolution française, d'élever et d'honorer sans crainte la statue et la tombe d'un héros populaire; car il y a une chose, une seule, qui ne redoute pas la comparaison avec la gloire, c'est la liberté. »

Une manifestation prolongée d'enthousiasme succède à la lecture de cet exposé de motifs. Une vive émotion se peint sur les traits de plusieurs députés. M. Emmanuel de Las Cases a les yeux baignés de larmes.

Le projet de loi en deux articles porte qu'il sera ouvert au ministre de l'intérieur, sur l'exercice de 1840, un crédit spécial d'un million pour la translation des restes mortels de l'empereur Napoléon à l'église des Invalides, et pour la construction de son tombeau; et qu'il sera pourvu à la dépense autorisée par cette loi au moyen des ressources accordées par la loi des finances du 10 août 1839 pour les besoins de l'exercice 1840.

Plusieurs membres proposèrent le vote du projet de loi par acclamation. Un autre voulait qu'immédiatement la séance fût levée afin que rien n'affaiblît l'impression causée par l'événement. Cette impression était si vive que la séance resta plus d'un quart d'heure suspendue. Les députés quittèrent leurs places et formèrent divers groupes dans l'hémicycle : les conversations y étaient très-animées. Le ministre de l'intérieur et le président du conseil recevaient les félicitations des membres de la chambre.

Bientôt Paris, bientôt la France entière apprirent la grande nouvelle, et renvoyèrent à l'assemblée l'écho de ses applaudissements. C'est que cet événement était vraiment grand et national; c'était la réalisation bien long-temps attendue du vœu de tout ce qui est réellement français.

La chambre répondit à l'attente générale; et, le 10 juin 1840, une loi ordonnait la translation des restes mortels de l'empereur Napoléon de l'île Sainte-Hélène à l'église de l'hôtel royal des Invalides, et la construction de son tombeau aux frais de l'État. Le prince de Joinville, on l'a dit, devait commander l'expédition. Ce choix disait assez la part que le roi voulait y prendre. Le prince avait été reçu élève de deuxième classe à Brest en 1824. Son examen avait eu lieu publiquement suivant la forme établie. Les examinateurs, les nombreux assistants se plurent à rendre hommage à son mérite : ce fut alors chose notoire dans la ville. Depuis, il avait fait six campagnes; c'était sa septième. Il avait laissé d'honorables souvenirs au Mexique; et les voix de ses compagnons de gloire et de périls le recommandaient au choix du ministre. Son aide-de-camp était M. Hernoux, capitaine de vaisseau et membre de la chambre des députés; son officier d'ordonnance, M. Touchard, lieutenant de vaisseau. Deux bâtiments de guerre furent mis sous les ordres du prince : la *Belle-Poule*, frégate de 60 canons, qu'il avait déjà commandée dans le Levant, et la corvette la *Favorite*.

La signification du nom de *Belle-Poule* a fréquemment occupé les esprits. Nous ne saurions les satisfaire quant à l'origine du nom ; mais nous allons rapidement esquisser l'histoire de la frégate qui l'a légué au bâtiment destiné alors au voyage de Sainte-Hélène :

Une escadre de douze vaisseaux de ligne, sortie de Toulon le 13 avril 1778, sous le commandement du comte d'Estaing, s'était dirigée vers l'Amérique, où elle devait combattre la flotte anglaise ; mouillée dans la baie de la Delaware. Depuis le départ de cette escadre, deux mois entiers s'étaient écoulés : et, chose étrange, aucun acte d'hostilité, aucun coup de canon, n'avait encore marqué, de part et d'autre, la rupture flagrante de la paix. Les Français, si prompts, si impatients, si ardents par nature, étaient dans une attente extraordinaire.

Le 17 juin 1778, à dix heures du matin, une vive rumeur s'éleva tout à coup à bord d'une frégate française de troisième rang, qui sillonnait les eaux de la Manche. Cette frégate, armée de 26 canons de 12, s'appelait la *Belle-Poule* ; elle était commandée par le lieutenant de vaisseau Chádeau de la Clocheterie. Le comte d'Orvilliers l'avait expédiée du port de Brest avec ordre d'aller observer les mouvements de l'ennemi à l'entrée du détroit ; or, la voix énergique de ses gabiers, qui, du haut des mâts, promenaient un regard interrogateur sur les différents points de l'horizon, venait précisément d'annoncer la découverte de plusieurs navires. Cette apparition, d'abord confuse, n'avait pas tardé à se dessiner plus nettement ; le nombre et les mâts des navires, grandissant au fur et à mesure qu'ils approchaient, on avait compté jusqu'à vingt bâtiments de guerre. C'était l'escadre qui, sous le commandement de l'amiral Keppel, avait escorté les douze vaisseaux de ligne que le gouvernement anglais s'était hâté d'envoyer à la poursuite du comte d'Estaing.

La frégate française, jetée sur la route de cette flotte ennemie, se trouvait dans la position la plus critique.

Le capitaine de la *Belle-Poule* se prépare à faire son devoir en homme de cœur et à soutenir dignement l'honneur de la France. M. de la Clocheterie comptait beaucoup sur le brave Gréen de Saint-Marsault, son commandant en second. Une rare considération et un grand intérêt s'attachaient à la personne de ce jeune officier ; il avait une figure pleine de noblesse, des manières affectueuses, l'esprit élevé et des connaissances très-étendues.

L'amiral Keppel n'avait pas plutôt aperçu la *Belle-Poule*, qu'il avait détaché vers elle plusieurs de ses bâtiments.

En ce moment, le vent était très-faible ; et les Anglais étaient encore séparés des Français par une distance de deux myriamètres. La Clocheterie, satisfait d'avoir pu reconnaître les forces de l'ennemi, prit habilement ses mesures pour se garantir de toute surprise ; il devait craindre, par-dessus toutes choses, de se voir envelopper par les bâtiments de l'amiral. Complétement rassuré sous ce rapport, il attendit avec calme la frégate anglaise l'*Aréthuse*. Celle-ci, commandée par le capitaine Marshall, portait 28 pièces de 12, c'est-à-dire deux canons de plus que la *Belle-Poule*. A six heures et demie du soir, les deux bâtiments se trouvèrent à portée de pistolet. L'Anglais voulut alors communiquer aux nôtres le message de son amiral ; mais La Clocheterie s'était aperçu que le capitaine Marshall avait eu l'adresse, en venant à lui, de le prendre par le flanc. Voulant se tirer à l'instant même d'une position aussi désavantageuse, il manœuvra avec une précision et une célérité qui mirent les deux frégates par le travers l'une de l'autre. Le capitaine Marshall put enfin le héler en anglais. La Clocheterie répondit qu'il ne comprenait pas cette langue étrangère. L'ennemi, forcé de s'exprimer en français, déclare que l'amiral Keppel exige, conformément aux usages reçus, que la *Belle-Poule* se rende auprès de lui.

— Je n'en ferai rien, répond le commandant, car

je ne reconnais à personne au monde, sinon à mon chef, le droit de me donner des ordres.

Le capitaine Marshall insiste en vain, rien ne peut ébranler la résolution de La Clocheterie. L'Anglais dirige aussitôt toute sa bordée contre nos marins. Voilà donc la guerre fatalement, irrévocablement engagée par deux faibles bâtiments, mais par deux hommes résolus. Car à ce duel de frégate à frégate succéderont avant peu les combats beaucoup plus meurtriers d'escadre à escadre.

Il serait difficile de dire qui, dans cet engagement, montra le plus d'ardeur et d'intrépidité, des officiers ou des marins de la *Belle-Poule*. Jamais les Français ne s'étaient signalés par des manœuvres plus habiles, par un feu plus soutenu, par un enthousiasme plus vif; on aurait pu se croire à une fête, en voyant l'exaltation empreinte sur toutes ces physionomies noircies par la poudre et marbrées par le sang. Les coups sont donnés et rendus avec une ardeur infatigable; et bientôt le nombre des morts et des blessés transforme le pont de la *Belle-Poule* en un champ de carnage. Le commandant en second, Gréen de Saint-Marsault, était un des officiers de la frégate qui avaient désiré le plus ardemment voir commencer les hostilités. Dans l'espoir de se signaler par quelque action d'éclat et d'obtenir de l'avancement, il était impatient de rencontrer les Anglais, et brûlait de les combattre. Il avait reçu avec une joie bien vive du capitaine de La Clocheterie l'ordre de se tenir prêt, au moment où l'*Aréthuse* s'était approchée : hélas! il fut frappé mortellement. Quelques marins accoururent pour le relever et le secourir, il n'était plus temps.

Malgré la vivacité de l'attaque et de la défense, l'action dura cinq heures entières. Le chevalier de Capellis, commandant de la batterie, fut merveilleusement secondé par les officiers auxiliaires Damard et Sbirre, et les gardes de la marine Basterot et de La Galernerie. L'enseigne La Roche de Kérandraon, ayant eu le bras cassé après deux heures de combat, alla faire mettre un premier appareil sur sa blessure, et vint reprendre son poste, qu'il garda jusqu'à la fuite de l'ennemi. Quoique grièvement atteint, l'officier auxiliaire Bouvet ne voulut point quitter le pont pour se faire panser. Le commandant de La Clochetérie, dont la bravoure était digne du commandement, reçut deux fortes contusions, une à la tête, une autre à la cuisse. Enfin cinquante-sept hommes furent blessés, et quarante périrent glorieusement à bord de la *Belle-Poule* en combattant pour l'honneur de la France.

Les pertes de l'équipage de la frégate anglaise avaient été plus grandes d'un tiers.

Vers les onze heures et demie de la nuit, l'*Aréthuse* profita d'un vent frais qui venait de s'élever pour abandonner le champ de bataille. Démâtée de son grand mât, presque sans agrès et sans vergues, et n'ayant plus qu'une voile, elle se replia sur la flotte de l'amiral Keppel. Dans ce mouvement rétrograde, elle essuya encore plus de cinquante coups de canon, sans pouvoir envoyer aux Français un seul boulet. Deux vaisseaux, le *Vaillant* et le *Monarque*, la recueillirent toute mutilée et la prirent à la remorque. Le lendemain une barque française, en revenant du large, trouva sur l'eau un mât fracassé sur lequel on lisait *Aréthuse*, témoignage irrécusable de la défaite des Anglais, qui fut soigneusement porté à Brest par nos marins.

La *Belle-Poule* ne pouvait poursuivre son adversaire qu'en s'engageant au milieu de l'escadre ennemie. Son brave capitaine, heureux d'avoir contraint les Anglais à la retraite, songea à se mettre à l'abri de leur vengeance. Il se retira dans l'anse de Kervin, près de Plouescat, derrière des rochers, dont les bâtiments de l'amiral Keppel auraient tenté inutilement de franchir la formidable ligne. Ce fut là que l'enseigne de vaisseau Sercey, qui depuis fut un des contre-amiraux les plus célèbres de notre marine républicaine, lui amena de Brest un renfort de cent hommes. Lorsque la *Belle-Poule* eut réparé toutes ses avaries, ce même officier en prit le commandement en l'absence du brave La Clocheterie, qui avait été appelé à Versailles. Sercey fit passer habilement la frégate entre les rochers et la côte, à la vue des forces anglaises, et parvint ainsi à la faire entrer, le 21 juin, dans la rade de Brest.

Nous ne suivrons pas la *Belle-Poule* dans les autres combats où elle a figuré pendant la guerre de l'indépendance. Nous nous contenterons de dire que, par un heureux rapprochement, elle fit une pénible et honorable campagne en 1778, avec le vaisseau le *Vengeur*, auquel l'avenir et la liberté réservaient tant de gloire, et une si belle fin !

La relation du combat de la *Belle-Poule* contre la frégate anglaise l'*Aréthuse* excita dans toute la France le plus vif enthousiasme.

Les officiers et les marins de la *Belle-Poule* furent dignement récompensés. Le lieutenant de La Clocheterie fut nommé capitaine de vaisseau. Bouvet obtint le grade de lieutenant de frégate. La Roche de Kérandraon, à qui il avait fallu amputer un bras le lendemain du combat, reçut une pension et la croix de Saint-Louis. Tous les autres officiers, les gardes de la marine et les marins de la frégate, furent complimentés publiquement pour leur belle conduite. Le gouvernement accorda une gratification générale à tous les hommes de l'équipage, et pourvut au sort des veuves et des enfants restés sans appui. Enfin, le courage et la mort du commandant en second Gréen de Saint-Marsault furent honorés et récompensés dans la personne de sa sœur, à laquelle on donna une pension sur les fonds des invalides de la marine (1).

(1) Aristide Guilbert.

II.

Revenons à l'expédition de Sainte-Hélène, dont le départ était retardé par une indisposition assez grave de M. le prince de Joinville. Ce fut à qui prendrait part à ce grand acte de réparation nationale.; les demandes affluèrent de tous côtés; tout le monde voulait voir Longwood, assister à l'exhumation, suivre le deuil à travers l'Océan. Les uns alléguaient leurs blessures, d'autres les persécutions auxquelles ils avaient été en butte, ceux-ci l'amitié dont l'empereur les avait honorés. Mais les hommes dévoués qui avaient partagé ses fers avaient seuls le droit d'aller les briser; l'opinion publique désigna bientôt MM. les généraux Bertrand et Gourgaud, Emmanuel de Las Cases, Marchand, et quatre vieux serviteurs de l'empereur qui ne l'avaient abandonné que lorsque la dernière couche de terre les avait séparés de lui, MM. Saint-Denis, Noverraz, Pierron, Archambault, huit personnes, voilà tout ce qui restait de cette petite colonie que le malheur avait trouvée si héroïquement fidèle. A l'exception de M. le général Montholon et de M. de Las Cases père, l'un qui n'était pas alors en France, l'autre souffrant des infirmités qu'il avait rapportées de son exil volontaire, *les autres étaient morts* (1) !

L'histoire a gravé dans ses fastes les noms et les titres de ce cortége d'élite. Tout ce qui a été écrit sur Sainte-Hélène parle de MM. Bertrand, Gourgaud, Montholon, Las Cases : qu'on nous permette un mot sur MM. Marchand, Saint-Denis, Noverraz, Pierron et Archambault!

M. Marchand appartient à une bonne famille de la bourgeoisie de Paris; son éducation a été soignée. Sa mère était auprès du roi de Rome. En 1811, à dix-

(1) M. l'abbé Coquereau.

neuf ans, il fut admis dans la maison de l'empereur, qu'il suivit en Hollande et à Dresde. Constant, le premier valet-de-chambre, ayant abandonné son maître en 1814, M. Marchand fut choisi pour le remplacer. Il suivit l'empereur à l'île d'Elbe, tandis que sa mère suivait le roi de Rome à Vienne; Napoléon lui confia sa cassette particulière qui contenait 800,000 fr., et dont il arrêtait la dépense tous les mois. Les autres valets-de-chambre étaient sous les ordres de M. Marchand, qui avait, à l'île d'Elbe, sa table particulière, et, à Paris, pendant les cent jours, une table de quatre couverts, sa voiture, son cabriolet, ses entrées aux grands spectacles. A Sainte-Hélène il faisait la lecture à l'empereur quand il était au bain ou au lit. Le grand homme lui dicta un précis des campagnes de César et plusieurs fragments. Ce fut lui qu'il rendit dépositaire de son testament; il voulait écrire à l'impératrice pour qu'elle lui décernât le titre de baron et la décoration de ses états. Louis-Philippe a exécuté la seconde partie du legs impérial en lui donnant la Légion-d'Honneur. Napoléon, en le nommant son exécuteur testamentaire, a écrit ces paroles remarquables : « Les services qu'il m'a rendus sont ceux d'un » ami ; je désire qu'il épouse une veuve, sœur ou fille » d'un officier ou soldat de ma vieille garde. » En épousant la fille du lieutenant-général comte Brayer, M. Marchand a obéi à cette dernière volonté de l'empereur.

Saint-Denis était entré au service de Napoléon en 1806 en qualité d'élève piqueur. Il fit une campagne en Allemagne et trois en Espagne; il suivit l'empereur en Hollande en 1811. A la fin de cette année, l'empereur voulut avoir un second mameluck : Saint-Denis fut appelé, prit le costume et porta le nom d'Ali. Lorsque Napoléon désirait observer quelques mouvements pendant une bataille, Saint-Denis se plaçait debout devant lui, le gros bout de la lorgnette appuyé sur son épaule. Il fit les campagnes de Russie et celle de 1813. Bloqué à Mayence, il ne put faire celle de 1814. Après l'abdication, il courut à l'île d'Elbe. Rustan ayant refusé de suivre son maître, il fut le seul mameluck. Il était de service le 20 mars 1815 ; il se tenait derrière l'empereur à Ligny, à Waterloo. Il ne l'a plus quitté depuis. A Sainte-Hélène, il mettait au net les dictées du grand homme. Il est un de ceux qui l'ont veillé dans sa dernière maladie.

Noverraz, né dans le canton de Vaud, entra au service de l'empereur en 1809, fut nommé courrier de cabinet en 1811, et fit les campagnes de 1813 et 1814. A Fontainebleau il fut choisi pour aller à l'île d'Elbe en qualité de chasseur ; son service fut le même que celui de Saint-Denis. Il était derrière Napoléon à Waterloo. A bord du *Bellérophon* il demanda à le suivre. *Je compte sur toi*, lui répondit l'empereur. Il a refusé d'entrer dans la maison de deux souverains étrangers.

Pierron, maître d'hôtel, entra dans la maison impériale en 1807, et fit, avec elle, le grand voyage de Hollande et toutes les campagnes, excepté celle de 1812. A Fontainebleau il sollicita la faveur de remplacer un serviteur qui avait déserté, et partit pour l'île d'Elbe en qualité de chef d'office. Au retour il suivit l'empereur pendant la campagne de 1815. A Sainte-Hélène, il succéda dans la confiance de Napoléon au fidèle Cipriani, le maître d'hôtel, qui venait de mourir.

Archambault, piqueur, est entré dans la maison impériale en 1805. En 1814, il insista vivement pour aller à l'île d'Elbe, et y fut nommé brigadier des valets de pied ; il fit, en cette qualité, la campagne de 1815. Le matin de Waterloo, c'est à lui que Saint-Denis confia la voiture de l'empereur. Archambault, ne pouvant la sauver, emporta deux portefeuilles, qu'il crut les plus précieux. Il suivit, avec son frère, Napoléon à Sainte-Hélène, et y commanda l'écurie. Dans sa dernière maladie, l'empereur, croyant qu'on lui changeait son eau, ordonna à Archambault d'aller la chercher lui-même, ce qu'il fit religieusement.

« C'est moi, dit-il, qui ai tenu sa noble tête pendant
» qu'on la rasait pour pouvoir la modeler (1.) »

Deux personnes seulement, qui n'avaient pas foulé
la terre de Sainte-Hélène, furent adjointes à l'expédition : M. Ph. de Rohan-Chabot, à vingt-quatre ans secrétaire d'ambassade à Londres, commissaire du roi
des Français pour présider à l'exhumation et à la
translation des restes de l'empereur, et le jeune prêtre
chargé de donner à la mission de Sainte-Hélène un
caractère religieux, M. l'abbé Coquereau, qui devait
cet honneur, et à son talent oratoire dont une auguste
princesse avait bien voulu se souvenir, et aux services
militaires de toute sa famille. Chanoine de plusieurs
diocèses, il prêchait dans le midi, à 200 lieues de la
capitale, quand il apprit le choix dont il était l'objet.

Déjà depuis long-temps l'assentiment de l'Angleterre était parti : un bâtiment léger, le brick anglais
le *Dolphin*, le portait à Sainte-Hélène.

Le gouvernement français s'occupait, de son côté,

des préparatifs du voyage. Un nouveau cercueil avait
été construit ; le poêle impérial devait le recouvrir.
Ce cercueil (tout le monde l'a vu) rappelait, par sa
forme simple et sévère, les sarcophages antiques. Il
était sans ornements, en bois d'ébène massif, simu-
lant le marbre. Sur la plate-forme, en lettres d'or, un
seul mot : *Napoléon*. Aux quatre faces, quatre *N* en

(1) M. E. de Las Cases.

bronze doré. Dans le sarcophage d'ébène, un cercueil en plomb, avec cette simple inscription : *Napoléon, empereur et roi, mort à Sainte-Hélène, le 5 mai 1821*. Le poêle funèbre, en velours violet, croisé de brocart d'argent, entouré d'hermine, portant l'aigle impériale aux quatre coins, était parsemé d'arabesques, de palmettes, d'abeilles et de chiffres napoléoniens en or.

La frégate la *Belle-Poule* avait été disposée pour sa pieuse destination. Une chapelle ardente avait été construite dans le faux pont, près du carré des officiers. Elle avait quatorze pieds de long sur onze de large ; six pieds de hauteur du pont inférieur au pont supérieur. Elle était toute tendue en velours noir brodé d'argent. Du côté de l'arrière on voyait l'autel, dont le devant était en velours, retenu par des filets d'argent ; une croix relevée en bosse en marquait le milieu ; l'autel avait sa garniture de six flambeaux, et sa croix qui reposait sur le tabernacle ; un tapis noir et blanc, formant damier, s'étendait sur le parquet, tandis que le plafond était caché sous un drap noir. Les parois latérales et les portes doubles de l'avant et de l'arrière étaient recouvertes de velours semé d'étoiles, formant trente-quatre panneaux, séparés par des torsades d'argent. Dans toute la hauteur régnait un long cordon d'où descendaient de petits glands au nombre de quatorze. Vingt-quatre autres, de la plus grande richesse et de la plus grande dimension, divisaient de trois en trois les panneaux. Cinquante-deux bougies, supportées par quatre ifs, devaient éclairer cette enceinte, et deux cassolettes, suspendues entre ces ifs, laisser échapper incessamment la fumée de l'encens. La chapelle s'ouvrait par les deux portes doubles dont nous avons parlé, et donnait ainsi facilité à l'état-major, rangé dans le carré, et à l'équipage, groupé dans le faux-pont, d'assister à la célébration des saints mystères.

Un cénotaphe destiné à renfermer le cercueil avait été exécuté par les soins de M. Vincent, ingénieur du port de Toulon. Il était peint en grisaille et présentait sur ses quatre faces les bas-reliefs allégoriques de l'histoire, de la justice, de la religion, et l'image de la décoration de la Légion-d'Honneur. Aux angles, quatre aigles; sur le fronton, la couronne impériale : l'ensemble était imposant, noble, sévère. Et cependant il fallut y renoncer : Paris avait envoyé des mesures inexactes; le cercueil d'ébène et son enveloppe de chêne se trouvèrent trop grands; le cénotaphe fut retiré à regret; et le cercueil dut demeurer seulement recouvert, pendant la première traversée, d'un immense drap de velours noir, bordé d'un galon d'or, et traversé, dans sa longueur et sa largeur, d'une bande de satin blanc.

Le lundi 22 juin, monseigneur Michel, évêque de Fréjus, alors en visite diocésaine à Toulon, vint, sur l'invitation de M. l'abbé Coquereau, bénir le lieu où devait reposer le corps de celui que le pape avait couronné. Il était assisté de M. l'abbé Cordouan, curé de Toulon. La cérémonie achevée, le vénérable prélat, remonté sur le pont, bénit ces cinq cents matelots, tête nue, groupés sur l'avant de frégate, et ces brillants officiers de terre et de mer, et ces nombreuses dames venues de tous côtés, et étalant leurs brillantes toilettes. La musique, placée sur la dunette, éclata en fanfares, soutenues par les basses graves et solennelles du canon.

Le 2 juillet, le prince de Joinville avait quitté Paris; le 6 il arrivait à Toulon. Entré dans la ville à sept heures du matin, à huit il était déjà à bord, préparant l'appareillage du lendemain. Il avait refusé tous les honneurs dus à son rang : « Je suis capitaine de vais- » seau, avait-il dit; les règlements de marine n'accor- » dent qu'aux amiraux le salut du canon. »

La *Belle-Poule* était commandée par le prince, capitaine de vaisseau, qui avait pour lieutenant M. Charner, capitaine de corvette, officier de mérite, jeune encore, mais comptant d'honorables campagnes. Avec eux s'embarquaient la suite de S. A. R., le jeune commissaire du roi, les membres de la mission de

Sainte-Hélène, l'abbé Coquereau, et les fidèles serviteurs de Napoléon.

La corvette la *Favorite* était sous les ordres du capitaine Guyet, officier d'un grand mérite, idolâtré de
ses matelots qu'il regarde comme ses enfants, ne
comptant que des amis dévoués dans un état-major
composé d'officiers si remarquables. A bord de la corvette s'embarque M. Marchand, le valet de chambre
de l'empereur et son exécuteur testamentaire.

Ce fut le 7 juillet, à sept heures et demie du soir,
que l'expédition mit à la voile par un temps magnifique. Autour de la rade, derrière la ville, se dessinaient
en amphithéâtre les campagnes toutes couvertes de fi-
guiers, d'oliviers, de vignes, de câpriers, entremêlés de
forts et de redoutes. Plus loin, presqu'à pic, les croupes
grisâtres qui protègent Toulon contre les vents et les
ennemis, croupes qui ne furent pas inaccessibles pour
nos braves soldats, quand il fallut chasser l'ennemi
de la place. Là commença jadis à s'illustrer le jeune
lieutenant d'artillerie dont la France reconnaissante
envoie chercher la dépouille impériale. Là ses premiers coups furent pour les Anglais, et c'est dans les
fers des Anglais qu'il est mort loin de la patrie...

Les maisons, la campagne, les arbres, les monts,
les redoutes, les rochers, tout est couvert de populations accourues dès le matin de dix lieues à la ronde
pour faire leurs adieux aux deux navires. Les eaux de
la rade ont disparu sous les embarcations pressées.
Des cris de joie se mêlent au bruit de l'artillerie; et le
ciel, dans tout son éclat du soir, semble présider à
cette fête plus que nationale.

La *Favorite* appareilla la première sous son grand
foc par une brise de N. O. La *Belle-Poule* partit plus
tard, supposant à la corvette une marche inférieure.
Pendant toute la nuit et les jours suivants, la brise se
soutint très-fraîche.

Le mercredi 15 juillet, à huit heures du matin, on
aperçut Gibraltar.

A midi, on arriva à la hauteur de cette forteresse

volée par l'Angleterre; on distinguait les navires à

l'ancre et une partie de la ville; de l'autre côté de la baie, Algésiras, illustré par notre marine. A gauche, on laissa Ceuta, ce bagne politique, où tant de patriotes espagnols ont expié les services rendus à la cause de la liberté. A six heures et demie du soir, des points blancs, éclairés par les derniers rayons du soleil, indiquèrent enfin Cadiz. L'état de la marée ne permettait pas d'entrer dans le port: on courut des bordées toute la nuit.

Le lendemain 16, neuf jours après le départ de Toulon, on arriva dans la baie de Cadiz au lever du soleil. Impossible de reproduire ce magnifique tableau, cette baie, qui a trois lieues de long sur deux de large, cette chaussée si mince sur laquelle brille Cadiz la belle, aux maisons élégantes, Cadiz, le berceau de la liberté espagnole. Tout cela offre une féerie qu'on ne peut décrire.

L'état-major des deux navires n'a pas encore oublié le curieux spectacle qui lui fut offert le soir de l'arrivée. Ce n'était point les loges de l'Académie royale de Musique, toutes brillantes de riches toilettes : une tente avait été dressée tout simplement sur la place publique; c'était moins bien que Curtius ou le Petit-

Lazari, un véritable spectacle de la foire, avec ses décors déchirés, ses lampes et son public à l'avenant.

Après la pièce, qui fut religieusement écoutée, une femme, la senora Burgos, dansa le fandango, cette danse gaditaine si vive, si flexible, si séduisante, qu'on ne peut exécuter que là, qu'on ne comprend que là, qui est déplacée partout ailleurs.

A la demande générale de nos compatriotes, cette Essler en plein vent consentit à recommencer son admirable fandango. On ne peut se figurer rien de plus délicat, de plus agile, de plus suave. Les officiers de la *Belle-Poule* et de la *Favorite* croyaient avoir devant leurs yeux une sylphide de vingt-deux ans. Admirable prestige du talent! La senora Burgos en compte plus de soixante!

Le prince avait remarqué que, tous les soirs, à l'heure de la retraite, la musique de la garnison venait exécuter des airs sur la place San-Antonio. Le second soir, il y envoya celle de la *Belle-Poule;* et le peuple poussa des cris de joie. Le lendemain, toutes les dames abordaient les officiers français, et leur demandaient avec instance si leur musique viendrait encore, le soir, jouer à terre, comme la veille. Déjà le peuple

était rentré, le calme commençait à régner dans la
ville, quand, sur les neuf heures, la musique de la
Belle-Poule, qui avait déjà joué devant le consulat de
France, se rendit à la place San-Antonio, sous les ordres de M. Godleap, élève de marine.

Là, nos musiciens firent entendre le *Chant de Riego*
et l'*Hymne constitutionnel espagnol*, auxquels la musique de la garnison répondit par la *Marseillaise* et le
Chant du Départ. Puis les deux troupes exécutèrent
tour à tour les mêmes airs, aux acclamations de la foule,
qui, réveillée en sursaut par ces accords belliqueux, encombrait la place et ses issues. Sur les dix heures, on se
munit de torches ; chaque spectateur voulut avoir la
sienne ; et la musique française se mit à parcourir les
rues de la ville au milieu de cette mobile ceinture de
flammes. Une population de plus de dix mille âmes
suivait, frappant des mains et ne cessant de crier :
Vive la France! Les dames de la ville garnissaient
leurs balcons, au pied desquels, de distance en distance, la musique s'arrêtait, faisant entendre les airs
nationaux des deux peuples, entremêlés des cris de
*Vive la constitution! vivent les dames espagnoles!
vivent les Français! vive Napoléon!* Arrivée à la
porte de la ville, la musique fit halte, le poste se mit
en bataille et présenta les armes; et les citoyens,
les dames, les officiers de marine improvisèrent,
à la clarté des torches, des dansés, qui se prolon-
gèrent une grande partie de la nuit. Les Français
furent conduits jusqu'à leurs chaloupes ; et ils étaient
depuis long-temps à bord des deux navires, que les
joyeuses acclamations qui avaient accompagné leur
marche retentissaient encore sur les quais.

L'abbé Coquereau fut particulièrement l'objet des
égards de la population. Dans ce climat, où les sentiments les plus calmes de leur nature ont un caractère
d'exaltation inconnu ailleurs, où la piété ressemble si
souvent à la folie, le prêtre choisi pour aller chercher
à Sainte-Hélène les restes mortels du héros ne pouvait
manquer d'hommages; c'était à qui toucherait ses

vêtements. Une dame même, dans sa dévotion, courut l'embrasser, en pleine rue, malgré les protestations sacerdotales qu'il lui opposa. La pauvre dame croyait ainsi gagner une masse d'indulgences.

Après six jours de relâche dans cette presqu'île fortunée, la *Belle-Poule* et la *Favorite* appareillèrent le 22 juillet, à neuf heures du matin. Toutes les populations des alentours étaient accourues pour faire leurs adieux aux Français. Les deux navires firent route pour Madère par une grande brise de nord-est. La frégate filait onze nœuds ; mais elle fut forcée de diminuer de voile à cause de la marche inférieure de la *Favorite*. Le prince s'évertuait à alléger, pour les autres, comme pour lui-même, les ennuis de la traversée ; sa bibliothèque fut pendant tout le voyage à la disposition des passagers. On déjeunait à neuf heures, puis on se promenait sur le pont, puis on s'y occupait quand il ne faisait pas trop chaud et que l'allure de la frégate n'était pas trop brutale. A cinq heures on dînait le plus long-temps possible, et le soir on prenait le thé dans la chambre du prince.

A huit heures du matin, le 24 juillet, on mouillait dans la baie de Funchal, capitale de l'île de Madère, dont les maisons, d'une blancheur éclatante, contrastent avec les teintes rembrunies des montagnes environnantes. En 1815, le *Northumberland*, qui portait l'empereur prisonnier à Sainte-Hélène, avait passé deux jours devant Funchal ; il était resté sous voile malgré le mauvais temps : on craignait qu'il ne touchât la terre.

La *Belle-Poule* et la *Favorite* s'arrêtèrent deux jours dans ce port. Les officiers y furent fort bien reçus par le consul de France, M. Monteiro, et par le consul américain. Le second jour, le prince invita quelques-uns de ses compagnons de voyage à faire une course à cheval dans l'intérieur. C'était quelque chose de fort réjouissant à voir que cette cavalcade improvisée, dont les principaux acteurs, plus accoutumés au tangage et au roulis d'un vaisseau qu'au trot et au galop d'un bucéphale, vidaient à chaque instant les étriers dans ces sentiers raboteux, aux éclats de rire de leurs camarades d'infortune. Du reste, partout où la cavalcade fit halte, elle fut très-bien accueillie. On visita la belle propriété de M. da Camara et celle de M. Béan, riche Américain, chez lequel on déjeuna. Les voyageurs lui durent de précieux détails sur la culture la plus importante de l'île, le vin de Madère, si recherché des gourmets. Les Anglais en ont le monopole. On en récolte environ 20,000 barriques de 600 litres par an. La part de l'évêque est ordinairement de 100 barriques. Le pauvre homme!

Pendant le court séjour de l'expédition, la frégate et la corvette reçurent de fréquentes visites. La gloire de Napoléon se confondait vaguement dans l'esprit des insulaires avec les souvenirs des demi-dieux de l'antiquité païenne, qui bercent encore l'enfance éternelle de ces peuples. La chapelle ardente excitait leur curiosité. En y entrant, ils s'agenouillaient avec respect; beaucoup imprimaient leurs lèvres sur le parquet; et les femmes, déroulant leurs chapelets, adressaient des prières au grand saint Napoléon.

Le dimanche, 26, l'appareillage eut lieu à six heures du matin, par une bonne brise. A trois ou quatre lieues de l'île, l'équipage de la *Favorite* crut voir un incendie à bord de la *Belle-Poule*. La corvette héla la frégate; et la frégate, croyant qu'un homme de la corvette était à la mer, laissa tomber sa bouée et mit en panne; mais la *Favorite*, continuant sa route, reconnut bientôt son erreur; les matelots de l'avant virent distinctement une épaisse fumée sortir de la poulaine; le cuisinier de l'équipage, pressé de servir le déjeuner, avait laissé brûler ses côtelettes. En trois ou quatre coups de pompes tout fut éteint; on en fut quitte pour un quart d'heure d'alarme et un déjeuné retardé.

Le lendemain 27, le pic de Ténériffe ou de Teyde apparut comme un météore; sa blanche cime se détachait sur l'azur des cieux, tandis que sa base restait ensevelie dans l'épais brouillard qui voilait le reste de l'île. On avait sous les yeux la plus belle des Fortunées, Ténériffe l'hospitalière, le caravansérail des navigateurs.

La brise fraîchissait. A quatre heures du soir les deux bâtiments doublaient le promontoire d'Anaga, et pénétraient dans la baie qu'il protége. Au fond s'élève la ville de Sainte-Croix, avec ses clochers en tourelles et ses belvéders. Une heure après, l'expédition mouillait devant le môle, non loin de l'Alameda. Le soir même tous les officiers étaient descendus à terre. Ce sont bien là ces îles Fortunées, si justement vantées par les poètes; la brise répand la fraîcheur dans la ville; le parfum des fleurs embaume l'air. De toutes parts, des groupes de jolies femmes animent ce spectacle. Dans ce délicieux pays, sans se connaître, sans s'être jamais vu, on se salue comme gens de connaissance; ce ne sont que fanfares et fandangos; les joueurs de guittares fredonnent sous les balcons; et les accords du piano y répondent de l'intérieur des appartements. Là on n'attend pas que vous demandiez l'hospitalité, on vous l'offre; et, une heure après leur arrivée, les Français admiraient dans l'intérieur des maisons ces danses charmantes dans lesquelles les Canariennes déploient autant de grâce et d'abandon que les femmes de Cadiz.

A leur retour vers les bâtiments, la nuit était déjà avancée. Ils rencontrèrent sur la grande place un groupe d'officiers anglais, qui, enchantés de la soirée, regagnaient aussi leur frégate, arrivée de la veille. Plus expansifs que de coutume, grâce au punch du pays, ils s'entretenaient gaiement des plaisirs de la ville. *Very good punch!* balbutiait un vieux lieutenant qui louvoyait dans sa marche. Les Français se dirigèrent ensuite vers l'Alameda, jardin au style mauresque, que rafraîchit sans cesse le vent de la mer; mais, à cette heure, le Prado de Sainte-Croix était désert. En s'avançant vers la pointe du môle, ils retrouvèrent les officiers anglais qui attendaient leur canot. La scène avait pris un caractère plus sérieux :

groupés autour de leur vieux lieutenant, ils l'écoutaient avec une grave attention ; il prononçait douloureusement le nom de Nelson ; puis, montrant du doigt une des batteries qui défendent le fond de la baie, il ajoutait : *The shot came from that bastion?* Ce fut en effet du bastion de Saint-Pierre que partit le boulet qui mutila leur amiral ; il y avait juste alors quarante-trois ans : ce fut le 25 juillet 1797. Nelson, décidé à rançonner la ville, se présenta dans la baie et canonna les forts. Le château de Saint-Christophe répondit à l'attaque. San-Miguel et Paso-Alto rivalisèrent d'ardeur. Au plus fort du combat, l'amiral s'était porté en personne sur le môle ; il y laissa un bras et une partie de sa troupe.

Le lendemain, l'état-major de l'expédition assistait dans une petite salle de Sainte-Croix à une représentation du *Domino noir*, traduit en espagnol. La musique est bonne. C'est un Français, élève du Conservatoire, qui la dirige. Les acteurs ne sont pas mauvais.

Le prince avait résolu une seconde excursion à cheval pour le jour suivant. Il ne s'agissait de rien moins que d'une ascension au fameux pic de Ténériffe. Déjà, en 1837, il l'avait tentée. Il n'était plus qu'à deux heures du sommet, quand il fut rejoint par un officier qui avait marché jour et nuit. Un bâtiment venait de lui apporter de France l'ordre de revenir immédiatement dans la Méditerranée. Le jeune prince, qui avait alors dix-neuf ans, lut la dépêche, regarda le sommet du pic, relut la dépêche. Puis : « Allons, messieurs, dit-il, il faut obéir. » Les officiers se récrièrent ; on touchait au but. Quelques heures de plus ou de moins feraient-elles grand' chose aux événements ? « Non, reprit-il, je ne veux pas avoir une seconde de retard sur ma conscience ; on peut tirer le canon. Quels reproches n'aurions-nous pas à nous faire si nous ne nous y trouvions pas ? » Le soir même il était à bord.

Aujourd'hui on partait pour le pic avec l'espérance

qu'aucun contre-temps ne dérangerait le voyage. Quelques officiers de la *Belle-Poule* et de la *Favorite* furent invités à faire partie de l'excursion, ainsi que le général Bertrand, MM. de Rohan-Chabot, Marchand et l'abbé Coquereau. Plusieurs chutes égayèrent encore le voyage. Le coursier peu respectueux du digne aumônier le désarçonna sans pitié. Celui du prince, aussi mauvais courtisan que l'autre était mauvais chrétien se cabra à son tour, et fit mordre la poussière à son altesse royale. C'est qu'on a une terrible route à suivre pour aller de Sainte-Croix à Orotava. C'est qu'à travers cette atmosphère embrasée, il faut être bien décidé à pousser l'aventure jusqu'au bout, pour ne pas rebrousser chemin dès le premier pas.

La route était couverte de paysans qui revenaient du marché. Les jolies filles et les muletiers faisaient d'abord assaut entre eux de propos grivois ; puis l'aspect de l'abbé Coquereau était toujours salué d'invocations dévotes et respectueuses : *Vayan ustedes con Dios, caballeros! Vaya usted con la Virgen, sancto padre! Dios los guarde!* Allez avec Dieu, dignes chevaliers! Allez avec la Vierge, saint abbé! Dieu vous garde!

Après avoir cheminé toute la journée sous un soleil ardent, on arriva à six heures du soir à Orotava, où l'on s'établit dans la seule auberge de la ville, les uns étendus sur un mauvais billard, les autres assis sur de plus mauvaises chaises. On dormit peu. On causa beaucoup. Le lendemain, à neuf heures, on était à cheval et en route, accompagné du digne magister Juan de Dios. La première station fut au *Portillo*, à plus de quatre mille pieds au-dessus du niveau de la mer. Il en restait environ huit mille à gravir par des sentiers affreux. La caravane s'était grossie de deux guides. Plus d'un cavalier désarçonné avait déjà préparé de la besogne aux compresses du chirurgien pour le moment du retour.

Après avoir traversé les bois de pin, la région des genêts à fleurs jaunes, puis celle des cytises parfumés, on aperçut enfin l'immense cône du Teyde, roi géant de ces îles, avec sa couronne de nuages. Déjà on pouvait compter les noirs torrents qui sillonnent ses pentes. La chaleur était suffocante. En vain chercha-t-on un refuge sous les buissons de cytises, à l'ombre des rochers. Partout la terre était brûlante; l'atmosphère pesait comme du plomb. On fit rencontre dans ce lieu de trois chevriers du bourg de la Granadilla, qui préparaient leur *gofio*, et qui invitèrent cordialement les Français à partager leur frugal repas. On échangea avec eux quelques provisions contre des figues.

Nos voyageurs, après avoir laissé leurs chevaux à la garde de ces bergers, poursuivirent leur route à travers des torrents de lave. Les obstacles augmentaient à chaque pas. Il fallait gravir des amas de scories qui interceptaient sans cesse le passage. Tout à coup, au milieu de ces fondrières, les guides, qui s'étaient déjà arrêtés plusieurs fois pour se consulter avec le magister, vinrent déclarer aux voyageurs qu'il fallait déjà songer à établir le bivouac. Personne ne fut de leur avis : il s'agissait seulement de sortir promptement du mauvais pas où l'on s'était engagé; car la nuit approchait, et la situation n'était pas sans danger : de toutes parts des laves entassés en bloc, plus loin des laves répandues en nappes. A tout hasard et à force de bras, on parvint à frayer un sentier à la pauvre mule du magister, qui portait les provisions. Vingt fois elle faillit périr. Son maître maudissait le pic et les curieux. Enfin, après plusieurs chutes et quelques contusions, la caravane reprit sa route sur un sol de tuf, mais harassée de fatigue, et appelant de tous ses vœux l'étape où elle devait passer la nuit.

Ce fut à cinq heures du soir qu'elle arriva à *la Estancia*. On se trouvait à 8,673 pieds d'élévation perpendiculaire. On avait froid. Les guides mirent à contribution tous les buissons d'alentour; ils allumèrent un grand feu, et l'on prépara le souper. Bien des choses manquaient sans doute à ce repas, si loin au-dessus de la demeure des hommes; mais le vin de Ténériffe et les cigares n'y manquèrent pas; et, d'abondantes libations ayant ramené la bonne humeur, les guides se prirent à chanter leurs séguédillas. Leurs chants se composaient de cinq ou six notes qui revenaient sans cesse; ils s'égosillèrent pendant une heure à improviser des couplets sans règle ni mesure; et le magister, messire Juan de Dios, qui jusqu'alors s'était tenu silencieux en pensant à sa mule, sortit de sa profonde rêverie, et daigna mêler sa voix rauque à celle de ses compatriotes.

Quand l'heure du repos fut venue, chacun s'enveloppa dans son manteau, et s'endormit sur le sol volcanique avec plus de bonheur, sans contredit, qu'on ne l'eût fait sur la couche la plus moelleuse.

Le lendemain, la caravane abandonna son bivouac, et l'on s'avança vers la pointe du pic. Le magister resta en arrière avec sa mule : les mésaventures de la veille étaient encore trop présentes à son esprit pour qu'il fût tenté d'accompagner ces *étrangers endiablés*, comme il les appelait. Le sentier qu'on suivit d'abord, quoique très-rapide, était jusqu'à un certain point praticable; mais, en approchant d'*Altavista*, on fut obligé de marcher avec les plus grandes précautions au milieu de tant de crevasses et d'aspérités. Plusieurs personnes de l'expédition durent s'arrêter en chemin. L'abbé Coquereau, peu fait à ces ascensions pyramidales vers le séjour des anges, fut un des premiers à demander grâce. Tel était l'état de l'atmosphère que quelques-uns eurent des saignements du nez; les poitrines étaient oppressées. Le général Bertrand sentait ses jambes lui refuser leurs services, mais il ne voulut pas qu'il fût dit que, pour la première fois de sa vie, il avait reculé; il se fit attacher par le milieu du corps, au moyen d'une forte corde, et ordonna aux guides de le hisser quand ils le verraient s'arrêter. Il fut ainsi fait.

Enfin, à six heures du matin, on atteignit le sommet du pic. On était sur l'un des points culminants de notre hémisphère; les rayons du soleil l'éclairaient déjà, qu'un vaporeux crépuscule voilait encore le reste de l'île. Le regard plongeait sur l'Océan d'une hauteur de 11,430 pieds; la section du globe qu'il pouvait embrasser mesurait un diamètre de plus de 100 lieues. Tout l'archipel canarien est là réuni comme sur un plan en relief. Nos voyageurs ne jouirent pas longtemps de ce panorama; des vapeurs s'élevaient de toutes parts; on les voyait flotter sous la forme de blanches nuées, s'étendre sur les forêts et rouler dans les anfractuosités des gorges. Toutes ces émanations de la terre emplissaient insensiblement l'atmosphère sans arriver jusqu'aux témoins de ce beau spectacle, qui dominaient les orages; il pleuvait peut-être dans la région inférieure, tandis que le ciel étalait sur leur tête sa resplendissante coupole. La surface de l'île se couvrit ainsi peu à peu; seulement quelques hautes crêtes perçaient comme des écueils la masse condensée; puis les nuages envahirent tout l'horizon; et la

cime du pic sur laquelle ils étaient assis resta isolée
dans l'espace.

Le pic offre à son sommet un cratère large et béant,
dont les bords inégaux sont ruinés de toutes parts. Le
diamètre de cette vaste chaudière a plus de 600 pieds
et 120 environ de profondeur. L'intérieur est percé de
crevasses d'où s'échappent des vapeurs chaudes et sul-
fureuses; les alentours de ces soupiraux sont brûlants,
remplis d'une terre pâteuse et chargée de substances
volcaniques.

Le vent du nord-est qui se mit à souffler avec violence força la caravane à abandonner son poste. En
moins de huit minutes elle était au pied de ce piton,
dont la montée lui avait coûté tant de peines. Chemin
faisant elle recueillit les officiers et l'abbé Coquereau
qu'elle avait laissés en route. Les officiers avaient épuisé
leurs provisions et leurs cigares; l'abbé, assis sur un
quartier de roche, lisait son bréviaire en présence de
toutes ces merveilles de la nature. Arrivé à *la Estancia*,
on retrouva le magister et sa mule, puis les chevaux
que les bergers avaient gardés fidèlement. On déjeuna
sur de grands blocs de lave, et l'on reprit ensuite le
chemin de Orotava, où l'on arriva à quatre heures du
soir. Un bal y attendait les intrépides voyageurs.

Le jour suivant, tandis que l'aubergiste préparait
dans sa grande cuisine l'omelette aux tomates destinée
à leur déjeuner, cette sublime production gastrono-
mique qui faisait le fond de son savoir et dans laquelle
il prétendait n'avoir son égal en aucun lieu de l'archipel canarien, ses hôtes étaient rangés autour du
billard boiteux de l'établissement. Le prince, remis de
ses fatigues, une queue de billard sous le bras, se promenait le long du tapis vert en attendant son tour.
Dans un coin de l'appartement reposait un grand pot
de grès, plein d'une couleur noirâtre; le prince y trempa
le petit bout de la queue et se mit à dessiner, en véritable élève de Charlet, sur le mur, un vrai troupier
de l'armée d'Égypte, en grand uniforme, avec le chapeau à trois cornes brisé, les cheveux ramassés en ca-

togau, l'habit au petit collet, aux petites épaulettes, aux larges basques, les guêtres dépassant le genou, un vrai troupier enfin, d'une telle exactitude historique que des cris de joie furent poussés par tous les assistants. Les applaudissements s'adressaient sincèrement au dessinateur; personne ne songeait au prince.

Or, après le déjeuner, au moment où l'on montait à cheval pour revenir à Sainte-Croix, survint l'aubergiste, moitié désolé, moitié colère, et déplorant la tache qui ternissait désormais l'éclatante blancheur de son mur. — Mais, brave homme, répondit le prince, c'est une fresque. — Je n'en veux pas! — Eh bien! vous direz à ceux qui, par hasard, lèveront les yeux sur ce croquis, qu'un fils du roi des Français a dessiné là, sur votre mur, un soldat de la république française. Il y a là de quoi achalander votre maison.

Et la cavalcade se remit en chemin, à l'exception des blessés de la veille et de l'avant-veille qui faisaient route à part. Dans cette excursion plusieurs Français virent pour la première fois des chameaux, qui aujourd'hui sont assez nombreux dans l'île. Ils servent surtout à transporter les grosses marchandises dans l'intérieur. Quelques-uns de nos compatriotes eurent la curiosité de faire une promenade à dos de chameau. C'est la plus détestable monture qui existe. Ils ne purent résister une heure à la dureté des allures de ce *vaisseau du désert*, et furent obligés de descendre.

Avant son départ de Sainte-Croix, le prince s'était occupé des préparatifs nécessaires pour célébrer l'anniversaire de la révolution de juillet. A une époque où tant de parvenus oublient si aisément leur récente origine, il se rappela, lui, et nous l'en félicitons, cette grande insurrection populaire par suite de laquelle la plus belle couronne du monde a été posée sur la tête de son père. La population de Sainte-Croix s'associa spontanément à cette manifestation. Toutes les maisons furent ouvertes aux Français, et de leur côté les habitants les plus distingués, les dames les plus belles, vinrent visiter les vaisseaux pavoisés, comme on visite la demeure d'amis qui ne doivent pas rester long-temps et dont on redoute le trop prochain départ.

Le dimanche 2 août, à onze heures du matin, le prince commanda l'appareillage, qui fut salué par le canon des forts. Il ventait grand frais; le temps continuait à être beau. Bientôt on perdit de vue le sommet du pic de Ténériffe, sur lequel on s'était assis l'avant-veille.

Le 4, à cinq heures, un événement insignifiant à terre, mais très-important dans une traversée, arrêta la

marche de la *Belle-Poule*. On faillit perdre le compagnon fidèle de l'équipage : Dash, le seul chien qu'il y eût à bord, tomba à la mer. La brise était forte, la frégate filait je ne sais combien de nœuds; déjà le pauvre animal nageait bravement à plus d'un quart de lieue, quand on put mettre un canot à flot. Par bonheur aucun requin ne se promenait alors dans ces parages; Dash fut sauvé à la satisfaction générale.

Le jeudi 20 devait avoir lieu le fameux passage de la Ligne. Ces saturnales maritimes, décrites partout, ne remontent qu'au célèbre voyage de Vasco de Gama, en 1497; mais les cérémonies varient suivant le génie national et l'humeur de ceux qui y président. Il y a des commandants dont la stricte sévérité croit devoir s'opposer à ce carnaval du matelot, ou le circonscrire dans des limites qui lui enlèvent toute sa gaieté. Le prince avait déclaré, au contraire, qu'il laisserait faire *en grand*; que chacun serait libre de lui jeter à la tête autant de seaux d'eau qu'il voudrait, et que de braves

matelots, actifs, dévoués, méritaient bien cette dis-
traction passagère à leur vie rude et laborieuse. Il avait
également proposé à l'abbé Coquereau de lui donner
asile dans sa chambre pendant cette cérémonie bur-
lesque, et de faire respecter son inviolabilité sacerdo-
tale par un factionnaire placé à la porte. Mais le digne
aumônier refusa l'offre du prince, et il n'eut pas à s'en
repentir.

Déjà le *Bonhomme la Ligne*, grotesquement cos-
tumé, s'était élancé sur son palefroi d'occasion, figuré
par deux marins recouverts d'une housse, et dont l'un
représentait la tête, et l'autre, la queue de l'animal ;
déjà, ferme sur ses étriers, il avait fait claquer son
fouet en caracolant sur le pont. Le prince, selon l'u-
sage, avait offert un coup à boire au cavalier, ainsi qu'à
la tête et à la queue de sa monture. Vint ensuite la
cérémonie qui fut bruyante. Aucun des néophytes qui
n'avaient pas encore passé l'équateur n'échappa à la
terrible aspersion. D'immenses provisions d'eau avaient
été faites dès la veille ; les seaux, les tines et les cuves
en regorgeaient. Les jets croisés de nombreuses cas-
cades tombaient comme des douches sur le patient ; et
le peu de temps qui s'écoulait entre deux baptêmes
était consacré à se pourvoir de nouvelles munitions
hydrauliques.

Il régnait un certain ordre dans cette opération con-
sacrée, mais la sortie du dernier catéchumène de la
piscine équinoxiale fut le signal de la plus affreuse
mêlée. Officiers, passagers, élèves, matelots, chacun
à la hâte s'arma de seaux ; le déluge devint universel ;
tous les rangs étaient confondus ; on eut, pendant une
heure, à bord, la réalisation la plus complète de l'éga-
lité sociale. Le prince, qui donnait l'exemple, n'était
pas plus épargné que les autres. Au plus fort de la
mêlée, un matelot, renommé pour la vivacité de son
humeur plaisante, lui jeta trois seaux d'eau à la tête
et revint, armé d'un quatrième, prêt à recommencer
sans doute son attaque préméditée. « Prête-moi ton
seau, garçon, lui dit le prince. — Volontiers, répon-

dit le marin ; » et le prince, s'en emparant, aspergea complétement le pauvre diable, qui s'éloigna sans mot dire. Quelques minutes après, le prince le revit exerçant son infatigable industrie au milieu d'un autre groupe. « Passe-moi ton seau, garçon, » lui dit-il encore ; mais cette fois le matelot, feignant d'obéir, s'approcha et lui lança le contenu au visage, en lui criant : « Nous voilà quittes, commandant ! Au revoir ! »

Plus loin, les passagers subissaient les bordées intarissables de l'équipage ; les mousses, masqués en diables, s'étaient pris par la main et dansaient autour de leurs victimes une ronde satanique dont elles ne pouvaient se dégager.

Le prince avait fait annoncer la veille qu'il ferait usage des pompes pour alimenter le baptême ; mais M. de Las Cases avait gagné le maître calfat et l'avait décidé à aller pendant la nuit boucher les pompes. Heureusement la conjuration fut déjouée. Au moment de la cérémonie, les pompes, au grand étonnement de M. Las Cases, remplirent admirablement leurs fonctions ; et le conspirateur fut un des mieux arrosés.

Le soir, il y eut grand bal paré et masqué sur le gaillard d'avant. La musique de la frégate exécuta les plus jolies contredanses et les plus frénétiques galops de Musard. Les cavaliers rivalisaient de prévenances et de politesses ; les matelots qui remplissaient les rôles de dames faisaient assaut de grâce et de minauderie ; c'était d'un grotesque à dérider le front le plus soucieux. A huit heures, tout rentra dans l'ordre comme par enchantement ; et le lendemain il ne restait du baptême de la ligne qu'un souvenir. On vit rapidement à bord.

Les membres de la commission commençaient à être fatigués de la mer. L'intention du prince en quittant Ténériffe avait été de relâcher au cap de Bonne-Espérance ; mais il fallait encore trente jours pour y arriver, et c'était la mauvaise saison dans ces parages qui n'ont pas usurpé leur premier nom de *cap des Tempêtes*. Le 24 août, à midi, il résolut donc de faire route vers Bahia, sur la côte du Brésil. Le 26, à quatre heures, il commença à venter bon frais, par rafales, au plus près; la pluie était presque continuelle; la frégate donnait fortement sur la bande; impossible de se tenir debout sur le pont. « Messieurs, dit le prince en riant, c'est aujourd'hui mercredi, grand jour d'Opéra; vous le voyez, nous ne perdons pas les habitudes de Paris; les instruments à vent et à corde ne nous manquent pas. »

Le 28, à midi et demi, on signala la terre, qui se dessinait à peine dans un lointain brumeux. La nuit vint; le prince voulut cependant aller mouiller dans la baie dont l'accès est facile à toute heure dans toute saison. A sept heures et demie on avait franchi les forts et les batteries de la passe, et l'on se trouvait dans le port. La nuit était profonde; sur la droite, à une immense hauteur, des myriades de lumières étincelaient comme des étoiles; il y avait là une grande ville qu'on n'apercevait pas. Tout le monde attendait le jour avec impatience.

Dès les premiers rayons de l'aube, Bahia, sortant du sommeil, apparaissait insensiblement dans le plus bel amphithéâtre; c'est un mélange gracieux de maisons blanches, couvertes de tuiles creuses, et de massifs

d'arbres épais, d'une éternelle verdure. Chacun avait
hâte de débarquer : on attendait avec impatience la fin
des saluts d'usage. Mais on n'en est pas quitte à si bon
marché avec le peuple brésilien, le peuple le plus céré-
monieux du monde. Toutes les autorités vinrent suc-
cessivement à bord présenter leurs civilités au prince.
Elles étaient précédées de Son Excellence Thomas Xa-
vier, le président de la province. C'était jour de fête
nationale. Le Brésil célébrait la majorité de son jeune
empereur. Les Français furent bien reçus à terre par
le président et par les principales familles du pays. Ils
ne doivent pas oublier non plus M. Armandeau, consul
de Sardaigne, qui, en l'absence du consul de France,
les reçut en compatriotes ; les traita en amis , et surtout l'archevêque de Bahia, primat de l'église brési-
lienne, prélat vraiment digne du haut rang qu'il occupe.

L'expédition resta mouillée dans ce port depuis le
vendredi soir 28 août jusqu'au lundi matin 14 septembre (seize jours pleins). Ce laps de temps s'écoula
en banquets et en fêtes. Il y eut aussi une chasse dans
l'intérieur du pays, appelé le *Reconcavo*, contrée d'une
fécondité remarquable, le long de la baie, vrai paradis
terrestre s'il n'était pas si souvent ensanglanté par les
passions des hommes. On a raconté bien des choses à
bord des deux navires sur cette partie de plaisir, à laquelle prirent part le prince et plusieurs officiers. Suivant certaines versions, leur vie aurait été sérieusement
menacée. M. de Las Cases dans son *Journal*, M. l'abbé
Coquereau dans ses *Souvenirs*, se montrent fort laco-
niques sur toute cette longue relâche. Connaissant le
caractère du prince, nous avons peine à croire qu'il ait
recommandé le silence à ses compagnons de péril.
Dans ce cas, son secret aurait été bien mal gardé. L'a-
venture a fait du bruit. Il n'est pas un officier, un élève,
un maître, un matelot qui la révoque en doute, mais
elle n'est pas encore venue à terre. Pourquoi ? Je l'i-
gnore. Comme elle n'a rien que d'honorable, et personne ne m'ayant recommandé positivement le silence,
on excusera mon indiscrétion, si c'en est une.

Parmi les nombreuses versions qui ont circulé, en voici une que j'ai choisie, parce qu'elle m'a paru la plus vraisemblable. Je ne la garantis pas dans tous ses détails, je ne fais que la répéter; mais ce qui m'a paru à peu près incontestable, c'est que la vérité se trouve au fond de l'aventure, quels qu'en soient les détails.

Bahia est la dernière ville que les Portugais ont conservée dans le Brésil, grâce à son admirable situation et à la bravoure du général Madeira, qui y commandait les soldats de la métropole européenne. Depuis son incorporation au nouvel empire brésilien, il ne se passe pas d'année que plusieurs révoltes n'éclatent contre le gouvernement de Rio-Janeiro, soit dans la ville elle-même, soit surtout dans le *Reconcavo*, qui l'avoisine. Il n'en faut pas chercher la cause autre part que dans les éléments divers dont se compose la population. Celle de la ville est l'image de celle de la campagne. A Bahia, sur 100,000 habitants, on compte 30,000 blancs, autant de mulâtres à peu près, et 40,000 nègres. Ces deux dernières classes font cause commune contre la première, et, comme il y a dans leur sein, plus qu'en aucun autre lieu du Brésil, des hommes qui, par leur industrie, ont acquis une fortune indépendante, et conséquemment une certaine influence, le temps n'est peut-être pas éloigné où cet état de choses amènera quelque crise fâcheuse. L'empereur don Pédro avait essayé de prévenir le mal en éclairant les esprits et en envoyant surtout des fils de nègres et de mulâtres étudier dans les universités d'Europe.

Autour des chefs de mécontents se groupe une masse considérable d'hommes mal intentionnés, aux dispositions plus que douteuses, n'ayant rien à perdre et ayant tout à gagner, poussant au vol et au brigandage, parce que le désordre est leur élément et qu'ils y voient une source d'indépendance et de fortune. Ces turbulents, tenus à distance de la ville, errent sans cesse dans les environs. Ce serait au milieu d'un de ces partis que nos chasseurs auraient eu le malheur de tomber. Cernés à l'improviste dans une de ces épaisses *catin-*

gas, taillis sombres et touffus qui obstruent le sol, ils auraient été amenés de force en lieu sûr : vainement ils auraient invoqué le droit des gens inconnu à ces barbares, décliné leurs titres et qualités, employé tour à tour la persuasion et la menace ; les bandits, n'écoutant que leur haine contre la race blanche et n'obéissant qu'à l'instinct du pillage, en seraient venus au point de délibérer sur le sort de leurs prisonniers ; et la proposition aurait été sérieusement faite par les plus déterminés de les fusiller sur l'heure.

Alors il serait venu à l'esprit du prince de prononcer devant ces barbares le nom de Napoléon, et de leur révéler la pieuse mission qu'il avait reçue d'aller recueillir ses cendres. Le prestige moral de ce grand nom aurait opéré aussitôt, et, du fond du tombeau, la renommée du grand empereur aurait protégé et sauvé le fils du roi Louis-Philippe et ses compagnons. Enfin, à la sentence de mort aurait succédé l'accueil le plus cordial, le plus enthousiaste ; et les bandits brésiliens auraient ramené pieusement les Français jusqu'au bateau à vapeur qui, mouillé dans la baie, les accompagnait dans leur course aventureuse.

Le lundi 14 septembre, à cinq heures du matin, le prince commandait l'appareillage. Cette fois on faisait voile vers Sainte-Hélène. A mesure qu'on s'éloignait de Bahia, la mer se couvrait de *jengadas*, radeaux brésiliens sur lesquels flotte une large voile latine, et qui sont montés par deux ou trois nègres, sans bas ni souliers, la tête couverte d'un grand chapeau de paille, et revêtus d'un simple caleçon avec une chemise par-dessus. Leur cargaison se compose de fruits d'Amérique, surtout d'oranges et de délicieux melons d'eau, qu'ils portent au marché de la ville; c'est une rencontre fort agréable pour les navigateurs européens qui voient pour la première fois la côte après une longue traversée; mais les marins de la *Belle-Poule* et de la *Favorite* avaient eu le temps de se rafraîchir à terre. Rien de plus pittoresque que ces petites flottes, se dressant tantôt sur la pointe des vagues, tantôt disparaissant au fond des abîmes avec les hommes qui les montent, et ne présentant plus à l'œil que des voiles éparses, comme si tout le reste était englouti. Il n'est pas rare, par un beau temps, de voir ces frêles embarcations s'aventurer à plusieurs lieues au large et venir apporter leurs fruits savoureux aux navigateurs qui n'ont pas encore aperçu la terre. Quant à l'expédition de Sainte-Hélène, elle a beau s'éloigner de ce rivage, qui a failli lui être si funeste, la brise de la côte continue à lui apporter les plus suaves parfums, entre lesquels domine surtout l'odeur balsamique du citronnier.

Avant d'arriver à Bahia, le 27 août, il y avait eu à bord exercice à feu, soit au fusil, soit au pistolet. Ces manœuvres avaient lieu fréquemment depuis qu'on avait atteint les vents alizés; le prince les commandait. A la cible, un supplément de ration était la récompense du vainqueur : aussi les bons tireurs n'étaient-ils pas rares parmi les marins de la *Belle-Poule*. Le 16 août, il fit exécuter pour la première fois le branle-bas de combat. Il n'y a pas de règlement uniforme dans la marine pour cette grande levée militaire:

Le prince avait rédigé une instruction particulière pour sa frégate. Le lendemain 17, un deuxième branle-bas eut lieu. Après la manœuvre, un grand dîner fut donné à bord de la *Belle-Poule*, auquel M. Marchand, passager sur la *Favorite*, fut invité.

Le 21, on rencontra une goëlette hollandaise qui faisait voile vers Batavia. Le 23 et le 24, nouveaux branle-bas de combat. A l'issue du second, exercice à feu.

Le vendredi 25, un matelot, qui avait commis une faute contre la discipline, fut condamné à passer une heure dans les haubans. L'usage est dans ces circonstances d'attacher le coupable avec de petites cordes, de peur qu'il ne s'endorme et ne tombe à la mer. Notre homme, entêté Breton, coupa deux fois les cordes. La troisième fois il opposa une résistance désespérée aux marins qui voulaient l'attacher, et une capote fut percée d'un coup de couteau. Le coup avait-il été porté à dessein? Le cas était grave. Que devenir en mer sans la discipline? Sur la *Belle-Poule* on comptait 500 hommes, et il n'y avait que 9 officiers. Le matelot fut mis aux fers.

Le lendemain, samedi 26, il fut jugé : le conseil de guerre le condamna à recevoir douze coups de cordes. A quatre heures tout l'équipage fut en bataille sur le pont; on amena le coupable; la sentence fut lue, elle dut être exécutée. Le prince était profondément ému; et, en effet, la discipline doit être maintenue à bord plus sévèrement encore qu'à terre. Mais ne serait-il pas temps de réviser sur ce point le code pénal de la marine? Quand la torture, la question, tous les supplices, ont été effacés de vos lois générales depuis plus d'un demi-siècle, continuer, à bord des vaisseaux, de frapper les matelots à coups de cordes, c'est une anomalie qu'on ne comprend plus, non pas à cause de la peine matérielle en elle-même, mais parce qu'elle humilie et ravale l'homme.

Les jours suivants, les exercices à feu continuèrent. La brise était sensiblement tombée; la frégate marchait lentement; des vents de bout, des calmes mettaient souvent à de rudes épreuves la patience des passagers. Le temps se traînait : on causait, on lisait; l'abbé Coquereau faisait le catéchisme aux mousses, qu'on préparait à remplir les fonctions d'enfants de chœur dans les cérémonies de Sainte-Hélène. Tout à coup, dans la nuit du 30 septembre au 1er octobre, à onze heures du soir, tandis que la moitié de l'équipage était endormi, le tambour se fit entendre.... c'était la générale!... Chacun fut bientôt sur pied; les hamacs furent pliés, enlevés; la batterie s'éclaira comme en plein jour; les officiers coururent à leur poste, les canonniers à leurs pièces. — « Tout est-il paré dans la batterie? » cria le prince; et, sur la réponse affirmative qui lui fut faite, les feux de section, de peloton, de filé, continuèrent sans interruption pendant plus d'une demi-heure; puis le tocsin mugit sourdement. Était-ce l'incendie, ce compagnon presque inséparable à bord de tout combat, et si dangereux au milieu de ces amas de bois sec, de toile, de cordes goudronnées? Heureusement les pompes étaient prêtes; elles inondèrent le pont.

D'un autre côté, la compagnie d'abordage était à son poste; les balles pleuvaient des hunes; les terribles grenades étaient lancées des extrémités des vergues, garnies de marins d'élite. Enfin, après plus d'une heure de combat, le tambour battit la retraite, la petite guerre cessa; il s'était agi seulement d'exercer l'équipage. En quelques minutes il avait été prêt au combat, en quelques minutes tout rentra dans l'ordre, et le plus profond silence régna encore à bord.

Depuis quelques jours les calmes ne discontinuaient pas. Le 3 octobre, dès dix heures du matin, des dispositions extraordinaires furent faites sur la frégate; l'équipage prit les armes; les six embarcations flottèrent le long de bord, commandées chacune par un officier, et portant des obusiers de montagne et des pierriers. La chaloupe seule reçut un obusier de trente; et les six embarcations prirent le large montées par 390 hommes. Assis dans son petit canot avec son officier d'ordonnance, le prince surveillait les détails de l'expédition et réglait les mouvements de l'escadrille. Celle-ci se déploya en bataille devant le beaupré de la *Favorite*, manifestant l'intention de l'attaquer à la faveur du calme et de l'enlever à l'abordage ; mais on était toujours prêt là-haut.

Les assaillants furent reçus par un feu de mousqueterie bien nourri ; la corvette chercha à les tenir à distance. Malgré le calme, elle manœuvra de manière à leur présenter le flanc et à les mitrailler. L'escadrille devina l'intention de son formidable adversaire ; redoublant d'adresse, elle chercha à le surprendre par l'avant ; le combat fut acharné, la victoire indécise ; on attaqua, on se défendit tour à tour pendant près d'une heure. Le prince, jugeant enfin qu'assiégeants et assiégés avaient assez fait pour l'honneur, commanda la retraite et ramena l'escadrille. Il n'y avait eu de part et d'autre aucun accident. Ces exercices fréquents, inattendus, avaient l'immense avantage de former le matelot, de le rendre prompt, alerte, habile à la manœuvre et au maniement des armes.

Enfin, le lundi 5, la brise se déclara ; les voiles ne battaient plus en retombant pesamment le long des mâts ; elles s'arrondissaient ; la frégate frémissait joyeuse ; elle roulait dans le creux des lames qu'elle entr'ouvrait ; la brise soufflait de l'arrière. Le 6 il fraîchit. On venait d'atteindre les vents généraux, ceux qui devaient pousser l'expédition jusqu'à Sainte-Hélène. Tout le monde les salua avec transport ; on avait trop souffert de ces calmes sans fin qui éternisent la marche d'un vaisseau, assoupissent le corps et l'esprit, et livrent à une paresse, à une oisiveté intolérables, le bâtiment et tout ce qu'il porte.

Le 7 octobre, à midi, après une navigation de vingt-trois jours, le prince dit aux passagers: « Messieurs, si, comme on l'assure, Sainte-Hélène s'aperçoit de loin, nous ne tarderons pas à la voir ; nous n'en sommes plus qu'à vingt-quatre lieues. » A trois heures, le ma-

telot qui veillait sur la vergue de misaine annonça la
terre ; elle était encore à dix-sept lieues. Tout le monde
accourut sur le pont ; tous les yeux se fixèrent sur
cette Terre-Promise, sur ce rocher qui apparaissait à
peine au loin comme une ligne de brouillard à l'horizon. Réflexions, travaux, causeries, tout avait cessé;
on se heurtait aux échelles; les bancs de quart, la
dunette, les bastingages étaient envahis; on s'arrachait
les lunettes. « Sainte-Hélène ! Sainte-Hélène ! » c'était
l'exclamation de tous ceux qui se rencontraient sur le
pont. Il y avait trois mois, jour pour jour, qu'on avait
quitté Toulon. C'était juste le temps de la traversée
du *Northumberland*. Peu à peu le roc se dessinait; et
ses pointes plus marquées rompaient l'uniformité des
lignes. Adieu les poésies de la mer ! adieu les ravis-
santes relâches ! Tout allait revêtir désormais un caractère solennel. On était en face du Calvaire ; la couronne d'épines reposait encore sur ce sol maudit.

A sept heures du soir, la nuit vint dérober la terre
aux regards des navigateurs; elle n'était plus qu'à neuf
lieues. On continua à faire route de ce côté ; et le
prince resta sur le pont jusqu'à minuit. Il y reparut
le lendemain ; dès quatre heures. On avait couru des
bordées toute la nuit. A huit heures on se remit en
route. Qu'on se figure une masse de rochers qui semblent inaccessibles, des pics de 800 pieds de haut qui
s'élèvent du sein de l'Océan. L'uniformité de cette
surface n'est brisée que par les fondrières qui la dé-
chirent. On n'y voit ni arbres ni végétation ; les diver-
ses couches de lave qui composent le sol marquent
seules les degrés de sa formation volcanique. Le roc
est de couleur bistre. Devant la frégate, à gauche, se
montrèrent l'île Georges et celle des Piliers d'Hercule.
Sainte-Hélène semble menacer l'étranger comme une
vaste tour. On passa ensuite devant la pointe du Té-
légraphe et devant *Prosperous-Bay*. Le petit nombre
d'arbres à gomme qu'on a laissés debout sur la bordure du plateau de Longwood apparaissaient triste-
ment entre le pic de Diane et *Barn's-Point*, dont la

dentelure rappelle si fidèlement le profil du héros qui est mort dans cet exil.

A dix heures trois quarts on commença à doubler *Barn's-Point*, derrière lequel se dresse le Pain-de-Sucre; puis le plateau de Longwood se déroula. Les signaux qu'on y faisait annonçaient sans doute le passage des deux navires.

A onze heures la *Belle - Poule* fila six nœuds, et le Pain -de-Sucre s'élargissant étala sa formidable ceinture de batteries. Le mouillage était là derrière, on commençait à l'apercevoir. On distingua d'abord un beaupré; tous les yeux le dévorèrent. Était-ce un navire qui apportait des nouvelles de la patrie? Vain espoir! trois mâts suivirent le beaupré, puis un pavillon, un pavillon anglais! Mais voici un second beaupré, puis deux mâts et un drapeau tricolore! — «Français! Français!» s'écria à la fois tout l'équipage qui oubliait la discipline. — «Oui, mes amis, c'est un bâtiment français, répondit le prince. Au signal! au signal! qu'on lui demande son numéro!» Le bâtiment se fit reconnaître, c'était le brick l'*Oreste*, qui, depuis le départ de l'expédition, avait quitté les rivages de France, et qui apportait un pilote de la Manche. Tout près étaient mouillés un navire marchand hollandais, venant de Batavia, et le brick de guerre anglais le *Dolphin*.

Cependant l'expédition s'approchait lentement du mouillage. Arrivée sous la terre, elle éprouva un calme plat; puis la brise du nord s'éleva; et, jointe au courant, elle l'entraîna à deux milles au large. Plusieurs personnes de la ville venaient de monter à bord en ce moment. C'étaient le lieutenant Middlemore, fils du gouverneur de l'île, envoyé par son père malade pour saluer le prince; le capitaine Alexander, commandant le génie; le lieutenant Barnes, major de place; le commandant du port; M. Salomon, agent consulaire de France, et quelques autres. Il était onze heures et demie. Le prince fit observer que la place de la frégate était devant la ville, et que, se trouvant tout-à-fait sous le vent, il fallait qu'il manœuvrât à travers les folles brises pour y arriver. L'entreprise semblait difficile aux officiers anglais qui connaissaient la rade; l'issue leur en paraissait douteuse. Le prince persista; et, à trois heures et demie, il mouilla juste au lieu indiqué.

La population de l'île se pressait sur les quais. L'expédition échangeait ses saluts avec les batteries de la terre et avec le brick anglais le *Dolphin*. Les forts hissaient nos trois couleurs. L'*Oreste* y répondait par ses bordées avec tout son équipage sur les vergues. Le capitaine Doret, qui le commandait, avait quitté Cherbourg le 29 juillet; il nous apportait aussi des instructions et des lettres. Cette mission lui était due : en 1815, M. Doret n'étant encore qu'enseigne de vaisseau, avait été présenté par le comte Bertrand à l'empereur, alors à l'île d'Aix : plusieurs officiers s'étaient réunis pour offrir à Napoléon de le transporter aux États-Unis à travers la croisière anglaise. Deux chasse-marées de douze tonneaux avaient été armés dans ce but, M. Doret en commandait un. Quelques officiers de la suite de l'empereur furent embarqués; et les chasse-marées se rendirent à la pointe d'Aiguillon. Ce projet n'eut pas suite; on sait, hélas! pourquoi. Après le départ de Napoléon, ces malheureux officiers de marine furent dénoncés comme ayant déserté leur drapeau pour favoriser l'évasion de l'usurpateur, et rayés des contrôles de la marine. M. Doret n'a repris du service qu'en 1830.

Cependant une multitude d'embarcations couvraient la mer autour de la *Belle-Poule* et de la *Favorite*; on distinguait les uniformes rouges des officiers anglais et les plumes blanches de leurs chapeaux. Alors on se prenait à penser involontairement à l'agonie du héros; et des larmes mouillaient toutes les paupières. Après les premiers compliments, on connut les préparatifs faits par le gouvernement anglais pour recevoir dignement ses hôtes. Le château était mis à la disposition du prince avec une table de trente couverts, soir et matin. Les membres de la commission de Sainte-Hélène avaient des appartements séparés; et des chambres étaient également préparées pour tous les officiers de l'expédition.

Enfin la *Belle-Poule* et la *Favorite* touchaient au premier terme du voyage. Elles allaient accomplir leur sainte mission. La France avait les yeux sur elles.

II.

Le jeudi 8 octobre, jour de l'arrivée de l'expédition à Sainte-Hélène, à six heures du soir, MM. de Chabot et de Las-Cases descendirent à terre. Ce dernier brûlait de revoir les lieux où, il y a vingt-cinq ans, bien jeune encore, il avait passé près de Napoléon des moments qui ne s'effaceront jamais de son souvenir. La nuit interrompit trop tôt leur pieux pèlerinage; ils durent revenir à bord, à leur grand regret.

Le lendemain 9, quelques officiers des deux navires abordèrent de bonne heure la terre d'exil de l'empereur. Après avoir suivi pendant cinq cents pas un chemin taillé dans le roc, ils franchirent une porte étroite, à pont-levis, flanquée d'un corps-de-garde; puis, après deux cents pas encore de marche, ils arrivèrent à la porte de James-Town, capitale et unique bourgade de l'île, renfermant la plus grande partie de sa population, laquelle ne s'élève entière qu'à 1,600 âmes environ; la garnison en forme le tiers; les colons, les trois sixièmes; et les esclaves ou chinois travailleurs, le sixième restant. Les colons sont pour la plupart d'anciens employés subalternes de la compagnie des Indes, retirés du service civil ou militaire. Les marchands sont presque tous juifs.

Les deux énormes rochers noirs et arides qui étreignent James-Town ont 550 pieds de haut, et sont couronnés par des batteries. Le rocher de droite, *Ladder Hill*, la montagne de l'Echelle, doit ce nom à la pente qui descend du fort à la ville, pente tellement rapide qu'on n'a pu l'utiliser qu'au moyen d'un escalier de bois formant une véritable échelle. Le rocher de gauche, *Munden's Hill*, la montagne de Munden, est d'un accès un peu moins difficile. On raconte que l'amiral Richard Munden, s'étant approché de la côte à la faveur de la nuit, y fit glisser du haut des vergues ses matelots, qui reprirent l'île aux Hollandais. Le fait n'est pas vraisemblable. Au pied du roc se montre le débarcadère, peu commode à cause d'un ras continuel de marée.

La ville court du nord au sud. En y jetant les yeux de la rade, on aperçoit d'abord des massifs d'arbres qui semblent sortir de la mer et qui croissent sous la batterie de la côte qui ferme la gorge. Derrière, un peu en amphithéâtre, s'allonge la grande rue, ou plutôt la seule rue de la bourgade ; derrière encore, beaucoup plus loin et plus haut, se dresse la *maison blanche, Alarm House*, toute environnée de pins. Nos officiers, en entrant dans la ville, traversèrent la place de la parade, qui a 170 pieds de long sur 160 de large. A gauche, on voit le palais du gouvernement et le jardin de la compagnie ; à droite, l'église et les administrations ; à la suite du jardin de la compagnie, une maison d'assez modeste apparence qui fait l'angle de la rue : c'est celle que l'empereur a habitée, la seule nuit qu'il a passée à James-Town. Arrivé en rade le 15 octobre 1815, à midi ; débarqué le 17, à 6 heures et demie du soir, il en partit le lendemain 18, à cinq heures du matin, avant le jour. Il ne devait plus revoir ces lieux. Nos officiers s'inclinèrent avec respect devant ces douloureux souvenirs.

A la place de la parade commence la grande rue qui a deux cent quarante pas de long sur quarante de large ; elle est bordée de jolies maisons peintes, d'une propreté remarquable, garnie de trottoirs, fort bien pavée, ainsi que la place, et pourvue de ruisseaux souterrains pour l'écoulement des eaux. Un peu plus loin elle se divise en deux branches, dont l'une, celle de droite, d'un aspect beaucoup moins attrayant, remonte la vallée, tandis que celle de gauche, qui ne forme plus qu'une rampe appelée *Lide-Path*, côtoie la montagne et mène dans l'intérieur, à Briars, à Alarm-House, à Longwood. En se retournant, on a sous les yeux un panorama magnifique : à gauche, dans les profondeurs, un ruban de maisons qui bordent la vallée, la bourgade pressée entre ses deux montagnes arides et noires, les casernes d'infanterie, le Champ-de-Mars, le jardin botanique, le jeu de paume, l'hôpital, le cimetière, la rue qui traverse la ville, la rade, les navires à l'ancre, et la mer qui se perd à l'horizon.

A dix heures, le prince de Joinville alla rendre visite au capitaine du *Dolphin*, qui le salua de vingt et un coups de canon, immédiatement rendus par la frégate. A onze heures, deux embarcations portaient à terre le jeune commandant, son aide de camp, MM. de Chabot, Bertrand, Gourgaud, Las Cases, Marchand, l'abbé Coquereau, et une partie des officiers de la *Belle-Poule*, de la *Favorite* et de l'*Oreste*. Elles se dirigeaient vers le débarcadère, où le prince était attendu par les notabilités de l'île. Le brick anglais rendit les honneurs du salut royal avec ses matelots sur les vergues, et les canons de la ville et des forts y répondirent ; puis le lieute-

nant-colonel d'artillerie Trelawney donna la
main au prince pour sauter sur le quai. Trois
cents hommes du 91e de ligne formaient une
double haie. Toutes les autorités civiles et militaires de l'île se pressaient autour de lui. Arrivé
au château, dans les appartements qui lui étaient
destinés, il reçut les personnes qui lui furent
présentées. On se rendit ensuite sur la place de
la parade, où une vingtaine de chevaux de selle
et deux voitures attendaient les Français. A midi,
la cavalcade se mit en marche. L'aumônier avait
pris place dans une des voitures.

On pénétrait dans l'intérieur de l'île; la nature y est triste et sauvage; quelques aloès crois-
sant sur un sol pierreux, les fleurs étiolées des
tropiques, des pins, des mélèses au noir feuillage,
des genêts à fleurs jaunes, des torrents dessé-
chés, la mer qui gémit au loin, oh! c'est bien
l'île de la désolation et des tortures! On gravit
les flancs de Ladder-Hill; le vent était froid, et il
tombait une pluie fine. On commença à apperce-
voir dans le lointain Plantation-House, située
sur le revers d'une colline, avec de belles allées
plantées d'arbres une vaste pelouse entourée de
fleurs, un corps de logis et deux ailes; Plantation-House, bâtie avec des matériaux venus d'Europe; Plantation-House, jadis la demeure de
Hudson Lowe, et qu'habite aujourd'hui le digne
gouverneur de l'île, le général Middlemore.

Il était malade quand les Français arrivèrent;
il se leva néanmoins pour les recevoir. On les
introduisit dans un salon où se tenaient la femme
du gouverneur et ses trois filles. Le prince leur
présenta ses compagnons de voyage. Bientôt il
se retira dans un appartement voisin avec M. de
Chabot et le gouverneur; ils y demeurèrent plus

d'une heure enfermés : on y stipulait les droits de la France ; et, pendant ce temps, MM. Bertrand, Gourgaud, Las Cases, Marchand, se regardaient silencieux et tristes : ils étaient dans le salon de Hudson Lowe.

Enfin la porte s'ouvrit ; le gouverneur, s'efforçant d'égayer son visage malade, rentra au salon en disant : « Messieurs, jeudi 15, les restes mortels de l'*empereur Napoléon* seront déposés entre vos mains. » Ce langage était noble et bien différent des insultes que Hudson Lowe adressait au *général Buonaparte*, son prisonnier par trahison.

Le prince prit congé du gouverneur. Deux lieues séparaient la cavalcade du tombeau de l'empereur. Cependant elle tenait à le visiter ce jour-là même. L'aspect de l'île était toujours le même : des montées abruptes, de rapides descentes, une chaleur étouffante dans les vallées, un froid rigoureux sur les collines.

Le prince marchait en avant avec le capitaine Alexander, le chef de la justice, le commandant de la place et du bataillon. De pauvres enfants en guenilles précédaient la caravane, ouvrant de temps en temps les barrières qui interceptaient la route. Tout à coup la vallée s'évase et forme un gouffre d'apparence circulaire, que les Anglais appellent le Bol de punch du Diable (*devil's punch bowl*). D'immenses sillons nus et rougeâtres descendent des bords de l'abîme dans ses profondeurs ; on n'y aperçoit d'autre végétation que des buissons de ronce. Mais tout à coup de cette hauteur l'œil surpris distingue à droite, au pied d'un mamelon, une maison bâtie sur un terrain gazonné : c'est celle du docteur Kay. A l'autre extrémité apparaît Hüt's-gate, qu'habita le général Bertrand. La gorge finit là. En tournant brusquement à droite pour prendre un nouveau sentier, le prince arrêta son cheval et mit pied à terre. Tout le monde suivit son exemple. Près de la maison du docteur coule une source limpide ; le tombeau de Napoléon est à quelques pas. Lorsque ses restes mortels furent confiés à cette terre, le gouvernement de l'île fit pratiquer le chemin par lequel, quittant la grande route de Alarm-House à Hut's-gate, on descend dans ce lieu où la nature semble renaître ; la végétation s'y ranime, une douce teinte de lumière s'épanche des hautes montagnes, un silence profond règne à l'entour, et tout, dans cette enceinte mystérieuse, respire le calme, la solitude, le recueillement.

ADÈLE LAISNÉ

Le prince s'était découvert, ainsi que les Français et les Anglais qui l'accompagnaient. A gauche de la porte, à genoux au pied d'un cyprès, l'aumônier priait. Depuis l'inhumation c'était peut-être le seul prêtre catholique qui eût prié dans cette enceinte. Le tombeau était d'une extrême simplicité : au niveau du sol trois dalles noircies par le temps formaient un carré d'environ neuf pieds de long sur six de large ; elles étaient bordées d'un cordon de pierres blanches que longeaient quelques pouces de terre végétale, sur laquelle madame la comtesse Bertrand et de fidèles serviteurs avaient semé des pensées et d'autres fleurs, pieux souvenir que le temps n'avait pas entièrement détruit. Une grille de fer très-ordinaire, surmontée de fers de lances et de pommes aux coins, protégeait l'humble monument. Il n'y avait pas de porte ; il fallut enlever un barreau pour arriver jusque-là. Le corps de Napoléon avait été enterré à l'ombre de deux saules pleureurs, dont les feuilles ont long-temps alimenté la religieuse avidité des pèlerins qui de toutes les contrées du monde venaient visiter sa tombe. L'un était encore debout ; le tronc de l'autre jonchait le sol : c'était celui dont les branches avaient servi de point d'appui pour descendre le cercueil dans les entrailles de la terre ; il semblait n'avoir pas voulu survivre à cette noble destination : sa mort avait suivi de près celle du grand homme. Dix-huit petits saules avaient été plantés depuis par les soins de madame Dallas, femme du brigadier général, dernier gouverneur de l'île.

Le tombeau, la grille en fer et les saules étaient entourés d'un grillage en bois peu élevé, enceinte irrégulière de soixante-quinze pieds environ de développement. Elle était bordée intérieurement de trente-quatre cyprès. A la tête du tombeau, en dehors de l'enceinte, et à demi cachée sous une arête de roches, la source dont on a parlé, à l'eau fraîche, limpide, et, sur une pierre blanche à côté, un gobelet de fer-blanc. Tout près, la guérite et la maison du sergent anglais, gardien de ces lieux, brave homme qui avait toujours témoigné un grand respect pour la mémoire de Napoléon. Il cumulait avec 600 fr. de pension les libéralités des voyageurs. L'enlèvement des restes du grand homme le ruinait entièrement; le prince promit de s'intéresser à lui et de lui faire avoir une petite pension des chambres.

Rien n'était écrit sur ces dalles noires dont les assistants ne pouvaient détacher les yeux, rien, pas même une épitaphe modeste, pas même un nom. La haine de ses ennemis l'avait poursuivi jusque dans son cercueil. A sa mort, la seule inscription que Hudson Lowe avait autorisée était encore une offense. On n'en mit aucune. Aujourd'hui, dit-on, le gouvernement anglais se propose d'élever un somptueux monument dans ces lieux où ne reposent plus les cendres de son prisonnier. Il est un peu tard.

Le prince fit lentement le tour de la tombe; puis, se baissant du côté où reposait la tête, il cueillit quelques fleurs à demi fanées, et fit donner au vieux gardien du tombeau tout l'argent qu'on put réunir. Chacun déroba à la terre un brin d'herbe, une pierre, une racine, quelques feuilles de cyprès. Les Anglais comprirent ces silencieux hommages; et une voiture apporta à la demeure des Français le vieux saule tout entier.

Ce lieu se nommait autrefois la vallée du Géranium.

Les Français se disposaient à prendre à gauche

pour aller visiter Longwood, quand une vieille Anglaise, mistriss Torbett, autrefois propriétaire du terrain où gît Napoléon, vint présenter une pétition au prince pour lui demander une indemnité, alléguant le tort immense qu'allait lui faire l'enlèvement des dépouilles mortelles du grand homme. Elle tient une taverne près de là ; on y boit moyennant rétribution de l'eau de la fontaine. En outre mistriss Torbett a été bien indemnisée ; elle a reçu 500,000 fr. du gouvernement anglais pour cession du terrain. Le prince remit la pétition à M. de Chabot et promit de prendre des renseignements. Il n'a pas été fait droit à cette étrange demande.

À moitié chemin de Longwood, on salua Hut's gate, cette petite maison de trois ou quatre pièces, où le général Bertrand avait séjourné plusieurs mois avec sa famille en attendant qu'on lui préparât une demeure près de l'empereur. Ces montagnes, aux flancs arides, aux pics couronnés de nuages, offrent un effrayant contraste avec les vallons sinueux dont les ruisseaux animent la végétation. Quelques points de verdure marquent leur source au milieu des rochers. Sur ces oasis et le long des valées, s'élèvent de jolies maisons blanches, à contrevents verts, couvertes en tuiles ou en ardoises. La coquetterie de leur structure rappelle ces petites maisons de bois peint qu'on vend dans les magasins de tabletiers pour amuser les enfants. Partout où la nature a fait brèche entre les montagnes de la côte, la mer semble se confondre avec les brouillards qui voilent l'horizon ; et les vaisseaux de la rade apparaissent comme des bateaux de pêcheurs à travers ce rideau brumeux.

Après avoir traversé un bouquet d'arbres d'un
aspect aussi triste que le sol aride qui les porte,
on arrive à Longwood. Les deux baraques qui

en forment l'entrée sont dans le même état de
délabrement que le jour où l'empereur y arriva.
Entre ces baraques et l'habitation est un espace
de huit cents pas environ, autrefois planté d'arbres à gomme ; tous ceux qui étaient à gauche
de la route ont été remplacés par des pins et des
défrichements. La maison consiste en un rez-de-
chaussée très-bas ; les pièces en petit nombre
dont elle se compose sont étroites, sombres,
humides ; leur aspect n'a pas pu être beaucoup
plus riant quand elles étaient meublées et que
l'empereur y résidait. Aujourd'hui la maison est
complétement dévastée.

On mit pied à terre. Le prince monta les quelques marches qui mènent à la première salle.
Tous, Français, Anglais, se découvrirent en y
entrant. Un triste silence régnait parmi eux. Il
n'y avait là que les quatre murs ; par les croisées
on n'apercevait que des étables et des hangars.

A l'intérieur, ce n'était pas la destruction du temps, c'était l'indifférence des hommes. La chambre où le héros rendit le dernier soupir n'est plus qu'une grange, au plancher pourri, aux murs décrépits. Un moulin à blé l'occupe presque entière; les vitres sont cassées; les fenêtres tombent en ruines; la porte, délabrée, ne tient plus que par un seul gond. A gauche en entrant, une petite table en sapin, noircie d'encre, supporte un registre sur lequel s'inscrivent les visiteurs. A côté, une cheminée en bois, hachée, tailladée; des noms écrits au couteau, à la plume, à la craie, couvrent les murs.

De là on passe à l'ancienne salle à manger. Le plafond en est troué pour donner passage au blé qui descend par une coulisse en bois dans le moulin qui occupe la première pièce. A gauche, la bibliothèque; à droite, l'appartement de l'empereur. La bibliothèque est convertie en volière. La porte de l'appartement est murée, il faut sortir par la cour pour y entrer. Cet appartement se composait, du temps de l'empereur, de quatre petites pièces; les cloisons sont en grande partie renversées; son cabinet de repos est devenu un grenier; cette pièce où il dictait les mémoires immortels qu'il a légués à l'univers est une grange; sa chambre à coucher et les pavillons de MM. Gourgaud et de Montholon sont des écuries. Quelques personnes montèrent à la soupente où couchait M. Emmanuel de Las Cases; on peut à peine s'y tenir debout. Comment s'étonner que Napoléon se soit plaint avec amertume des indignes traitements qu'il avait à subir? La maison qu'on lui donna pour résidence est si affreuse, que, malgré les souvenirs imposants qui s'y rattachent, on ne l'a jugée bonne qu'à servir de

grenier, d'étable, d'écurie ! Il ne reste à Longwood aucune trace de sa résidence. La nouvelle
habitation que le gouvernement britannique lui
destinait était grande, commode, assez jolie et
bien meublée; mais, lorsqu'on l'acheva, les progrès de sa maladie ne lui permettaient plus d'en
prendre possession.

Le soir, le prince dîna avec son état-major et
les membres de la mission. Toutes les autorités
civiles et militaires de l'île avaient été invitées.
Les Anglais furent pleins de prévenances; mais
le souvenir récent de Longwood poursuivait les
Français; et, à leur grand regret, ils répondirent
mal aux politesses de leurs hôtes. A dix heures,
ils étaient à bord sous le pavillon français. Ils
avaient besoin de repos; la journée s'était écou-
lée bien douloureuse.

Le samedi 10, les pèlerinages ne discontinuè-
rent pas de la rade au tombeau de Napoléon; le
saule encore debout fut dépouillé de ses branches
que se partagèrent les matelots. On emporta aussi
les fleurs et les plantes du tombeau, les feuilles
et les branches de tous les arbres voisins; on ar-
racha même le gazon, les ronces, les broussailles;
on vint chercher la terre à pleins paniers; et plus
de mille bouteilles furent remplies d'eau de la
source sacrée. Jamais le culte des reliques ne fut
porté à un aussi haut degré d'exaltation; et les
autorités locales furent forcées de prendre des
mesures pour empêcher la dévastation complète
des lieux qui entourent le tombeau.

Du reste, les Français furent reçus par les habitants de l'île avec la bienveillance la plus affec-
tueuse et l'hospitalité la plus empressée. Le
temps était constamment mauvais; la pluie ne
discontinua pas. On était cependant au commen-

cement du printemps : c'était l'époque qui correspond aux premiers jours d'avril en France.

Le dimanche 11 octobre, à onze heures, l'abbé Coquereau dit la messe. Depuis vingt ans peutêtre, c'était la première fois que le saint sacrifice était célébré devant Sainte-Hélène ; il regretta de ne pouvoir y faire assister quelques catholiques irlandais qui habitaient l'île ; mais, la veille du départ, il baptisa, à bord de la frégate, un enfant de quatre ans.

M. de Las Cases et quelques officiers de l'expédition étaient allés visiter Briars, assez joli site, à environ un mille de la ville, où l'empereur séjourna plus de sept semaines en quittant James-Town et avant d'aller fixer sa résidence à Longwood. Aujourd'hui Briars est habité par le lieutenant-colonel Trelawney, commandant l'artillerie, excellent homme, qui combla les Français de politesses. Le pavillon si bien décrit dans le *Mémorial de Sainte-Hélène* est encore sur pied. On voit encore le petit jardin où l'empereur se promenait, le pied de vigne qui l'abritait et le mauvais siége de bois sur lequel il aimait à s'asseoir. Mais Tobie, le jardinier indien, est mort depuis long-temps.

Le lundi 12, le prince fit une nouvelle visite à la vallée du tombeau. Le soir, les officiers français furent invités à dîner par les officiers anglais du 91e régiment, de l'artillerie et du génie. Le repas était présidé par le lieutenant-colonel Trelawney et le capitaine Blackwell. Il fut plein de convenance et de politesse.

L'abbé Coquereau, invité à cette réunion, n'avait pu s'y trouver : les derniers devoirs religieux à rendre aux restes mortels d'un compatriote nécessitaient ailleurs sa présence. Il s'agissait d'un jeune élève de marine, pauvre enfant de dix-sept ans, mort sur la terre étrangère, tout près du lieu où était mort Napoléon. Il avait quitté la France, embarqué sur le *Lancier*; c'était sa seconde campagne. Il avait laissé sa pauvre mère qui pleurait, lui joyeux, insouciant, bercé par des rêves d'or, ne voyant dans l'avenir que les épaulettes du commandement et cette décoration de la Légion-d'Honneur qui pare encore si bien la poitrine de celui qui l'a méritée. La traversée fut rude, laborieuse; elle attaqua violemment cette frêle constitution, qui avait besoin long-temps peut-être du foyer maternel; le climat de Maurice ne fit qu'ajouter aux affreuses douleurs qu'il éprouvait. L'enfant dépérissait chaque jour.

On pensa qu'il pourrait trouver sa guérison sur le sol de la patrie; qu'un air plus pur, un climat plus doux, des soins plus tendres, le rappelleraient à la santé. On l'embarqua donc sur un navire marchand qui faisait voile pour l'Europe; mais les fatigues de la mer étaient plus contraires encore que le calme de la terre à la poitrine déjà délabrée du pauvre jeune homme; son mal empirait de jour en jour. Le bâtiment se décida à relâcher à Sainte-Hélène, et, après avoir déposé l'élève chez l'agent consulaire français, il remit à la voile cinglant vers l'Europe. Ce fut un cruel chagrin pour l'enfant : « Ils verront ma mère, disait-il, et moi je ne la reverrai pas »

Telles étaient les nouvelles qu'on avait du jeune navigateur quand l'abbé Coquereau, avant de quitter Paris pour l'expédition de Sainte-Hélène, fut présenté à sa mère, madame la duchesse d'Harcourt, qui le conjura de lui ramener son fils. Arrivé à Toulon, l'aumônier ne pouvait lui promettre que de lui rapporter un cadavre ; les dernières nouvelles annonçaient que l'enfant n'avait pas survécu à ses souffrances. Il était mort à dix-sept ans, à deux mille lieues de sa patrie. L'aumônier de la *Belle-Poule* avait donc aussi à redemander à cette terre étrangère le dépôt qui lui avait été confié.

Dans la nuit du 12 au 13, toutes les formalités exigées par les autorités locales ayant été remplies, il partit pour le lieu où reposaient les restes mortels du jeune élève. Il était accompagné des docteurs Guillard, Thibaut, Arland, Bionard, chirurgiens de la *Belle-Poule*, de la *Favorite* et de l'*Oreste*, et de quelques officiers qui s'étaient spontanément offerts pour aller rendre les derniers devoirs à un compatriote. Trente matelots de l'expédition assistaient à la cérémonie, ainsi que M. Salomon, agent consulaire de France. Aujourd'hui l'exhumation d'un enfant, inconnu à tout le monde, excepté à sa famille et à ses amis ! Demain celle du plus grand homme de son siècle, du héros qui a rempli l'univers du bruit de son nom !

C'était dans la nuit du 14 au 15 que devait avoir lieu cette solennelle opération. On supposait que les travaux seraient longs et difficiles, et l'on tenait à ce que les restes mortels de l'empereur pussent être remis le lendemain au prince de Joinville. Deux vastes tentes avaient été élevées pour les besoins du service dans un coin de la vallée ; l'une devait servir de corps de garde à un fort détachement du 94e de ligne anglais ; dans l'autre il avait été décidé qu'on ouvrirait les cercueils. Le commissaire du roi s'était entendu sur tous les détails avec le gouverneur. Leurs mesures avaient été si bien prises qu'aucun obstacle ne semblait possible. L'union la plus complète régnait entre les officiers des deux nations ; le 14, ceux du 91ᵉ et de la milice avaient convié à un nouveau banquet les officiers français ; et les toasts de l'avant-veille avaient été renouvelés avec la même cordialité.

Le prince avait fait paraître un ordre du jour réglant le cérémonial à observer dans les journées du 15 et du 16, et qui affligea ceux des Français qui, venus de si loin, voyaient leurs officiers supérieurs admis seuls à assister à l'exhumation et à suivre le cercueil impérial dans son dernier trajet sur le sol anglais. Le gouvernement britannique, de son côté, avait peu étendu ses choix. Seulement, l'exhumation accomplie, l'île entière était invitée à se joindre aux funérailles depuis la vallée jusqu'aux dernières limites, c'est-à-dire jusqu'à l'embarcadère du port. Si l'on eût consenti à ce que les matelots français exécutassent ces travaux sous les yeux de leurs officiers, le prince, vraisemblablement, les aurait dirigés en personne. Mais, d'après les dispositions prises par le gouvernement de l'île, l'exhumation devant être exclusivement confiée à des mains anglaises, le prince jugea convenable de rester à son bord, où sa propre résignation fit supporter plus patiemment aux Français le sacrifice auquel ils étaient condamnés. Son ordre du jour portait qu'il descendrait à la tête des états-majors des trois bâtiments de guerre pour recevoir sur le quai, des mains du gouverneur anglais, la dépouille mortelle de l'empereur, et qu'il tiendrait lui-même le gouvernail de la chaloupe dans laquelle elle serait déposée.

Depuis deux jours le cercueil d'ébène, venu de Paris, et que nous avons décrit, avait été apporté dans une des deux tentes. Le gouverneur avait

également fait amener tout près de là le char
funèbre qu'il avait fait construire, tout drapé de
noir, avec un baldaquin soutenu par quatre co-
lonnettes, surmontées de panaches de crêpe;
quatre chevaux caparaçonnés de deuil devaient y
être attelés.

Dès le 14 au matin, toutes les avenues qui
conduisaient à la vallée furent gardées par de
nombreux détachements anglais. La proclama-
tion du gouverneur, affichée dans la ville, avait
produit une sensation profonde. Comme dix
heures du soir sonnaient à l'horloge de la frégate, deux embarcations s'en détachèrent, portant à terre MM. de Chabot, Bertrand, Gourgaud,
de Las Cases, les quatre serviteurs de l'empereur,
les trois capitaines de corvette, le docteur Guillard, l'abbé Coquereau, les deux mousses enfants
de chœur, Dufour et Lérigé, et M. Roux, plombier. A dix heures et demie on montait dans les
voitures préparées. Bientôt on quittait James-
Town par un froid assez vif, accompagné de pluie
fine et de brouillard. La lune se levait mélancoli-
que, tantôt voilée par les nuages, tantôt fuyant
en silence par-dessus leur crête bleuâtre : la nature semblait s'associer au deuil religieux des
Français. Arrivés sur la hauteur, ils aperçurent
au fond de la vallée une lumière vacillante; c'é-
tait celle des fanaux destinés à éclairer les travailleurs. De temps en temps on passait devant
les postes anglais établis depuis le lever du soleil:
on approchait des lieux qu'on ne devait quitter
qu'après avoir consommé l'exhumation. Rien n'é-
tait encore commencé; on attendait les représentants de la France.

A minuit, ils s'arrêtaient devant la grille du
tombeau.

On était devant l'étroit espace où reposait Napoléon. Les commissaires des deux gouvernements introduisirent dans l'enceinte les personnes qui devaient être témoins de l'acte solennel qui allait s'accomplir. Nous avons dit quels étaient les représentants de la France. Du côté des Anglais, c'étaient le capitaine Alexander, député par le gouverneur de l'île, le chef de la justice W. Wilde, le lieutenant d'artillerie Trelawney, le colonel Hopson, le lieutenant-colonel de la milice secrétaire colonial W.-H. Seale, M. C. Littlehale, lieutenant de la marine royale, commandant le brick le *Dolphin*, M. Darling, qui avait présidé à l'inhumation de l'empereur, et le plombier qui avait soudé le cercueil.

A minuit un quart, les travaux commencèrent. Il avait été préalablement constaté que le monument était intact. Les ouvriers appartenant au 94e régiment d'infanterie anglaise arrachèrent d'abord avec soin les bordures de géranium et d'autres fleurs ; le prince les avait demandées pour les distribuer aux marins de l'expédition ; puis, sous la puissance des leviers, une partie de la grille en fer se détacha ; les fortes couches de pierres cramponnées, sur lesquelles elle était scellée, cédèrent à l'action des crics, et les pioches, en mordant le sol, le déchirèrent dans une large étendue. Le silence profond qui régnait dans l'enceinte n'était interrompu que par la voix du capitaine Alexander, qui donnait brièvement ses ordres ; les nuages se condensaient à l'horizon, ils allaient descendre dans la vallée, et une pluie fine commençait à tomber. A la lueur des fanaux on distinguait entre les cyprès et les saules les visages pâles et attentifs des spectateurs, et les ouvriers qui passaient et repassaient comme des ombres. On entendait les coups répétés des marteaux qui frappaient la grille de fer, et de loin en loin les voix des sentinelles qui se répondaient sur les hauteurs voisines.

La grille enlevée, M. de Chabot prit la mesure extérieure du tombeau. On retira les trois dalles noires qui le couvraient, en commençant par celle des pieds, détachant ensuite celle qui protégeait la tête, et finissant par celle du milieu. Les trois dalles enlevées, la terre végétale s'offrit aux regards, séparée du sol par un espace vide d'environ un pied et demi et présentant une grande fissure, un affaissement considérable, qui fit craindre que le cercueil ne fût écrasé. Cette terre paraissait humide.

Il était alors une heure et demie. Le travail se poursuivait en silence : l'activité était extrême. On arriva à une matière dure, qu'on crut être la pierre qui recouvrait le cercueil; mais l'extrait du rapport d'Hudson Lowe sur l'inhumation fit reconnaître un mur rectangulaire, formant, comme on s'en assura plus tard, les quatre faces latérales du caveau. Il y avait de la terre végétale à une grande profondeur. Après avoir retiré cette terre qui forma sur le sol un monticule de près de six pieds, on rencontra des fragments de dalles, jointés par des crampons de fer, et des morceaux de basalte, liés par du ciment romain. Le ciseau mordait avec peine sur ce ciment au grain serré; il s'ébréchait sur le basalte sans l'entamer; sous les marteaux jaillissaient des étincelles. Cette opération lente et pénible dura jusqu'à quatre heures : la pluie redoublait d'intensité, un vent plus fort s'engouffrait dans le ravin avec ses voix et ses plaintes; et le jour qui

luttait contre les brouillards commençait à laisser distinguer les objets.

Cependant l'abbé Coquereau était allé puiser
à la source l'eau qu'il devait bénir pour la cérémonie. Retiré dans une des deux tentes, il se
préparait au grand devoir religieux qu'il était
chargé d'accomplir.

Les forces des travailleurs s'épuisaient. L'extrême difficulté de l'opération décida vers cinq
heures et demie le capitaine Alexander à faire
pratiquer une tranchée sur le côté gauche du
caveau pour abattre le mur correspondant, et de
là parvenir au cercueil, dans le cas où la couche
supérieure continuerait à opposer la même résistance. Mais, sur les huit heures, la maçonne-
rie fatiguée, ébranlée, céda et laissa voir la large
dalle envoyée d'Angleterre, qui couvrait le caveau dans toute son étendue. A travers une fente,
on aperçut le cercueil, une autre le découvrit
mieux encore. Le capitaine Alexander, mu
par un sentiment religieux que tout le monde
appréciera, les fit couvrir de pierres ; il ordonna
en même temps qu'on cessât de creuser le fossé
latéral, qui était déjà parvenu à une assez grande
profondeur.

Une chèvre avait été dressée pour lever la
dalle. Français et Anglais allèrent revêtir leur
grand uniforme. A neuf heures une haie de miliciens et de soldats anglais se forma autour du
monument. La pluie tombait avec violence. On
acheva d'enlever le ciment qui maintenait la
grande dalle, et on ajusta les crampons. L'abbé
Coquereau, revêtu du rochet, du camail et de
l'étole, se plaça du côté où reposait la tête ; près
de lui, l'enfant de chœur Dufour avec le béni-
tier ; en face l'enfant de chœur Lérigé qui por-

tait la croix ; derrière lui, les témoins anglais ;
du côté de l'aumônier, les témoins de la
France.

A un signe de main du capitaine Alexander,
les ouvriers saisirent les cordages ; et la dalle
soulevée monta d'aplomb avec lenteur ; déposée
sur le sol, elle laissa voir le cercueil ; il était
neuf heures et demie. Tout le monde se découvrit. Le recueillement général n'était troublé que
par le bruit des prières ; protestants, catholiques,
tous priaient Dieu avec la même ferveur. Il n'y
avait plus là qu'une seule croyance : la croyance
au génie. L'abbé Coquereau répandit l'eau bénite et récita le *De profundis*.

Les commissaires descendirent dans le caveau
où le cercueil en acajou était placé, à une profondeur de dix pieds environ, sur une large dalle,
assise elle-même sur des cubes en pierre de taille.
Sa longueur pouvait être de six pieds sur trois de

large. Le bois était humide, mais bien conservé ; la planche inférieure, autrefois garnie de velours, commençait seule à s'altérer ; quelques-uns des clous d'argent qui fixaient les parois brillaient encore. A côté, on voyait les sangles et les cordages qui avaient servi à descendre le cercueil.

Le docteur Guillard purifia la tombe au moyen d'aspersions de chlorure ; et un exprès fut envoyé au gouverneur pour l'informer des progrès de l'opération. Bientôt, à l'aide de forts cordages, le cercueil soulevé quitta le lit où il reposait depuis vingt ans. L'aumônier fit la *levée du corps* conformément aux rites de l'église catholique. A dix heures vingt minutes la dépouille mortelle de l'empereur Napoléon était au milieu des Français. Le capitaine Alexander commanda douze hommes du 91ᵉ sans capote et tête découverte pour la transporter dans une des tentes voisines. L'abbé et les enfants de chœur la précédaient en achevant leurs prières. Derrière, par une pluie battante, s'avançait lentement le cortége français et anglais.

Après quelques mesures sanitaires, prises encore par le docteur Guillard, on commença l'ouverture des cercueils. Le premier, en acajou, qui enveloppait tous les autres, fut scié par les deux côtés pour en faire glisser le cercueil en plomb qu'il renfermait, et qui fut placé à midi un quart dans le sarcophage d'ébène qu'on avait apporté de France. Le gouverneur de l'île, quoique très-malade, arriva à une heure moins un quart, entouré de son état-major. Tout le monde attendait avec anxiété et en silence. On coupa et l'on souleva soigneusement la partie supérieure du cercueil de plomb ; dans lequel on en trouva un troisième en acajou, si bien conservé, qu'on en

put dévisser les clous. Le couvercle de celui-ci
ayant été enlevé, on en aperçut un quatrième en
fer-blanc légèrement oxydé. C'était le dernier :
Napoléon était là. L'émotion des assistants était à
son comble.

La soudure fut coupée lentement ; le couvercle, entr'ouvert par le ciseau, céda. D'abord, on
ne distingua qu'un tissu blanchâtre qui cachait
l'intérieur du cercueil et empêchait d'apercevoir
le corps ; c'était le satin ouaté qui, suivant la coutume des Indes, formait une garniture dans l'intérieur de la caisse. Elle s'était détachée et enveloppait la dépouille comme un linceul. Le
docteur la souleva par une extrémité, et, la roulant sur elle même des pieds vers la tête, il mit
le corps à découvert.

Il serait impossible de décrire l'émotion de
tous ceux qui assistaient à cette scène funèbre.
Plusieurs sanglotaient convulsivement ; et des
larmes obscurcissaient tous les yeux.

Quelque chose de blanc, détaché de la garniture, couvrait, comme une gaze légère, tout ce

que renfermait le cercueil. Le crâne et le front
qui adhéraient fortement au satin en étaient en-
duits; on en voyait peu sur le bas de la figure,
sur les mains, sur les orteils Le corps conservait
une position aisée, celle qu'on lui avait donnée
en le plaçant dans le cercueil; les membres supérieurs étaient allongés; l'avant-bras et la main
gauche s'appuyaient sur la cuisse; les membres
inférieurs avaient légèrement fléchi. La tête était
rehaussée par un coussin : le crâne était volu-
mineux, le front haut et large; les yeux n'avaient
rien perdu de leur volume et de leur forme. Les
paupières étaient complétement fermées; quelques cils y paraissaient encore.

Les os et les téguments du nez étaient bien
conservés, le bas seul avait souffert. Les joues paraissaient bouffies; le toucher en était doux, sou-
ple; la couleur, blanche. La barbe, qui avait
poussé depuis la mort, colorait le menton d'une
teinte bleuâtre; ce menton, qui n'était point al-
téré, conservait encore ce type propre à la figure
de Napoléon. Les lèvres, amincies, étaient entr'ouvertes; trois dents incisives fort blanches se
montraient sous la lèvre supérieure, qui était un
peu relevée à gauche. Les mains, si belles, semblaient appartenir à un homme encore vivant,
tant elles étaient vives de ton et de coloris. Les
doigts avaient des ongles longs, adhérents,
d'une extrême blancheur. Les jambes étaient encore enfermées dans les bottes; mais, par suite de
la rupture des fils, les quatre derniers orteils dé-
passaient de chaque côté. Leur peau était d'un
blanc mat; ils étaient garnis d'ongles. Les vêtements s'offraient avec leur couleur : on recon-
naissait très-bien l'uniforme des chasseurs à
cheval de la vieille garde au vert foncé de l'habit,

au rouge vif des parements; le grand cordon de la Légion-d'Honneur se dessinait sur le gilet. La culotte blanche était en partie cachée par le petit chapeau qui reposait sur les cuisses. Les épaulettes, la plaque et les deux décorations attachées sur la poitrine avaient perdu leur éclat; elles étaient noires. Les deux vases d'argent qui contenaient le cœur et l'estomac apparaissaient entre les jambes; l'un était surmonté d'un aigle qu'on distinguait entre les genoux.

Cet examen, qui n'avait duré que deux minutes, constatait un état de conservation plus parfait qu'on n'était fondé à l'attendre d'après les circonstances connues de l'autopsie et de l'inhumation. Le docteur déclara que, redoutant pour ces restes précieux le contact de l'air atmosphérique, il était d'avis de les en garantir le plus tôt possible. Cette détermination nécessaire causa à tous les spectateurs un serrement de cœur inexprimable. Les larmes coulèrent avec plus d'abondance. Enfin le satin ouaté fut remis à sa place, après avoir été légèrement enduit de créosote; on ferma hermétiquement les caisses en bois, on souda avec le plus grand soin les caisses en métal, à l'exception de celle de fer-blanc que les ouvriers ne purent clore, attendu son état d'oxydation. Ainsi les restes de Napoléon étaient contenus dans six cercueils : 1º un en fer-blanc; 2º un en acajou; 3º un en plomb; 4º un second en plomb, séparé du précédent par de la sciure et des coins de bois; 5º un cercueil en bois d'ébène; 6º un en bois de chêne protégeant tous les autres. Ces trois derniers avaient été apportés de France.

A trois heures tout était terminé. En ce moment arriva le général Churchil avec ses aides-de-camp, en grand deuil. La pluie tombait toujours. Le cercueil, qui pesait 2,400 livres, fut transporté à grand'peine sur le char funèbre par quarante-trois artilleurs, qui l'entourèrent pendant tout le trajet.

Les drapeaux tricolores qui allaient servir à la cérémonie et le pavillon impérial qui était déjà à bord de la *Belle-Poule* avaient été offerts dès la veille par les demoiselles de l'île, qui les avaient confectionnés de leurs mains. Le blanc et le bleu provenaient d'étoffes de soie ; le rouge était en crêpe de Chine. Ces jeunes Anglaises s'étaient dépouillées de leurs plus beaux châles, de leurs plus fins tissus, pour accomplir cet acte de réparation nationale. Les officiers de S. M. britannique, s'associant à cette œuvre, avaient apporté les galons de leurs uniformes, qui, sous les doigts agiles de leurs belles compatriotes, s'étaient métamorphosés en chiffres impériaux. En recevant ce précieux cadeau des mains de miss Gidéon, la plus gracieuse de ces filles de la blonde Angleterre, le prince lui avait promis que, jusqu'à l'hôtel des Invalides, le pavillon impérial, offert par les dames de Sainte-Hélène, ombragerait le cercueil du héros : il a tenu parole : à chaque transbordement son premier soin a été que le drapeau ne quittât pas un instant le sarcophage. Dès son retour à Paris il s'est empressé d'adresser à miss Gidéon une lettre flatteuse avec un bracelet d'or garni de perles, de rubis et d'une magnifique émeraude.

Cependant le poêle funèbre avec ses aigles couronnés, ses abeilles en or sur velours violet, sa large croix d'argent et sa bordure d'hermine, avait été déployé et retombait sur le char qu'il couvrait entièrement de ses riches draperies; huit valets de pied en grand deuil se tenaient à la tête des chevaux.

Les troupes attendaient le convoi funèbre sur la hauteur. Il se mit en route dans l'ordre suivant : 220 miliciens de Sainte-Hélène, sous les ordres du lieutenant-colonel Seale ; 140 soldats du 91e régiment, commandés par le capitaine Blackwell; la musique de la milice; l'abbé Coquereau, précédé des deux mousses enfants de chœur, Lérigé portant la croix, et Dufour l'eau bénite; le char à quatre roues traîné par quatre chevaux caparaçonnés en drap noir. Sur ce sol inégal il eût été dangereux d'en avoir un plus grand nombre. Les glands étaient tenus par MM. Bertrand, Gourgaud, Las Cases et Marchand; venaient ensuite les fidèles serviteurs : Saint-Denis, Noverraz, Pierron et Archambault.

Le long du char marchaient les artilleurs, chargés de le retenir sur les pentes à descendre. M. de Chabot conduisait le deuil, ayant à ses côtés les capitaines Guyet et Charner; puis M. Arthur Bertrand, le capitaine Doret, le docteur Guillard et les autorités civiles, militaires et maritimes de l'île, qui avaient voulu que les Français occupassent le premier rang dans cette triste solennité. Derrière s'avançaient les principaux

habitants en grand deuil. Le cortége était fermé
par une compagnie d'artillerie et un détachement
de milice, que suivait une nombreuse population.

Parvenu à James-Town, le convoi funèbre défila lentement entre deux haies de miliciens. Le
ciel s'était éclairci, il ne pleuvait plus; les magasins étaient fermés; les fenêtres et les balcons,
couverts de monde; la foule encombrait les rues.
Les forts et les vaisseaux tiraient le canon de minute en minute depuis le départ ; les pavillons
flottaient à mi-mât. Plus loin, à la haie des miliciens succéda une haie de soldats, s'étendant
jusqu'à l'embarcadère.

Là le prince attendait sous le drapeau tricolore
la dépouille du héros. Il venait de débarquer avec
les états-majors de la *Belle-Poule*, de la *Favorite*
et de l'*Oreste*. A l'approche du char on se découvrit ; les hommes des canots mâtèrent leurs avi-
rons; au loin les trois navires de guerre français,

hissant leurs couleurs, redressèrent, ainsi que tous les bâtiments français et étrangers, leurs vergues qui étaient en pantenne depuis huit jours; et la musique de la *Belle-Poule* fit entendre des marches funèbres.

A cinq heures et demie le cortége atteignait l'embarcadère. Le gouverneur, qui avait suivi le char à pied, remettait le corps de l'empereur au prince de Joinville, qui le recevait au nom de la France.

La chaloupe qui avait reçu le cercueil fléchissait sous le poids. Ce cercueil avait enfin quitté la terre d'exil; le prince commandait. Tous les Français s'étaient rembarqués. Le pavillon des dames de Sainte-Hélène était hissé. La frégate, la corvette et le brick le saluaient par une triple salve d'artillerie. La terre y répondait par vingt-un coups de canon; deux canots de la *Favorite* précédaient la chaloupe; deux canots de la *Belle-Poule* l'escortaient; deux canots de l'*Oreste* la suivaient. Tous les hommes avaient la tête nue, le crêpe au bras. On arriva enfin à bord de la frégate. Le 15 octobre 1815, Napoléon captif avait mouillé à Sainte-Hélène pour commencer sa longue agonie. Le 15 octobre 1840, ses restes mortels étaient redemandés à la terre étrangère au nom de la France.

Quand la chaloupe eut abordé la frégate, tout signe de deuil dut disparaître; ce fut au bruit des salves des navires pavoisés, avec leurs équipages rangés sur les vergues, que l'empereur mort fut reçu à bord. Soixante hommes étaient sous les armes; les trois états-majors formaient la haie. Quand le cercueil passa, les tambours battirent aux champs, la musique fit entendre les airs nationaux de la France. Sur le gaillard d'arrière,

une chapelle ardente, ornée de trophées militaires, avait été préparée. Le cercueil y fut déposé
à six heures et demie. Il faisait presque nuit. A la
lueur des fanaux rangés autour du catafalque,
l'absoute fut récitée et le corps resta ainsi exposé.
Quatre sentinelles furent placées aux quatre angles.

Pendant la nuit du 15 au 16 octobre, l'officier

de quart veilla près du corps avec l'aumônier. A
dix heures du matin devait commencer le service
funèbre ; l'autel avait été dressé sur l'emplacement de la roue du gouvernail, appuyé sur le
mât d'artimon ; il était ombragé de drapeaux tricolores, et dominé par un trophée d'armes ; à
droite, à gauche, deux faisceaux de fusils, sur-
montés d'une couronne de chêne ; au-devant,

deux obusiers ; entre l'autel et le cabestan, un drap noir brodé d'argent, sur lequel reposait le cercueil recouvert du manteau impérial et du diadème voilé d'un crêpe. L'encens fumait dans des cassolettes suspendues. Trente hommes étaient sous les armes à tribord, trente à bâbord. Les compagnons d'exil avaient repris leur place ; puis venaient les fidèles serviteurs et les quatre plus anciens sous-officiers de la division; puis le prince, M. Chabot, l'agent consulaire de France, les officiers de la marine royale et les deux capitaines des bâtiments de commerce la *Bien-Aimée*, de Bordeaux, et l'*Indien*, du Havre, ainsi que leurs passagers, enfin, tous les matelots. Pas un étranger n'était là. C'était une fête nationale. Pendant toute la durée de l'office divin la corvette et le brick, qui depuis huit heures du matin avaient leur pavillon à mi-mât et leurs vergues en pantenne, tirèrent alternativement un coup de canon de minute en minute.

La messe terminée, l'abbé Coquereau, ayant quitté sa chasuble, prit l'étole et la chape, et commença les prières de l'absoute; puis, le corps fut descendu dans le caveau funéraire préparé à l'entre-pont. Le pavillon impérial avec sa cravate de crêpe flottait toujours au grand mât.

Le samedi 17, il y eut de saints et derniers pèlerinages à la vallée de Napoléon. Malgré les ordres les plus sévères elle fut presque entièrement dévastée. Chacun, jusqu'au plus humble matelot, eut sa part de reliques. A neuf heures du matin on apporta à bord la grande dalle de pierre blanche qui fermait immédiatement le cercueil et les trois dalles qui couvraient la tombe.

Le lendemain 18, de bonne heure, le prince donna l'ordre d'appareillage. On fit bonne route.

Au coucher du soleil on distinguait à peine Sainte-Hélène On en était à 22 lieues.

La *Belle-Poule* et la *Favorite* continuaient leur route par un bon vent. Le 20 octobre, le prince de Joinville commanda l'exercice de la grenade ; le lendemain, à deux heures, il y eut branle-bas de combat ; le 28, on repassa la ligne : la chaleur était excessive ; dans la nuit du 50 au 51, on reçut un grain violent, il tomba une masse d'eau considérable. Dans la journée, trois navires furent en vue. L'officier d'ordonnance du prince fut envoyé à bord de l'un d'eux : c'était le *Hambourg*, venant des villes anséatiques. Le capitaine remit un journal de Londres, dont le contenu fit craindre qu'au retour on ne trouvât la guerre déclarée entre la France et l'Angleterre. Le bruit courait, disait-on, que le gouvernement français allait envoyer à Sainte-Hélène deux bâtiments pour protéger le transport des restes mortels de l'empereur.

Les grains se succédaient sans interruption ; l'accès du pont devenait presque impossible aux passagers. Le 2 novembre, jour des morts, l'abbé Coquereau venait de terminer l'office divin par les prières de l'absoute, quand le prince crut apercevoir la *Favorite*, donnant la chasse à une goélette qui pointait à l'horizon, et qui bientôt arbora le pavillon hollandais. La corvette la rallia ; et peu après, une embarcation, mise à la mer, déposait à bord de la *Belle-Poule* le commandant de la *Favorite* et un de ses officiers, M. Lapierre. La goélette était l'*Egmont*, faisant route pour Batavia. Ces officiers apportaient deux journaux hollandais et des nouvelles de Paris du 5 octobre. Elles étaient fort graves. A Sainte-Hélène, quelques bruits de guerre avaient vaguement couru : ici il n'y avait plus à en douter ; la question d'Orient avait désuni les grandes puissances, une conflagration générale paraissait imminente; le pavillon britannique menaçait la Syrie, et le cabinet français, contrarié, disait-on, dans sa politique extérieure, avait offert unanimement sa démission.

Le prince eut bientôt pris son parti; il donna liberté de manœuvres à la *Favorite* ; elle avait été jusque-là la fidèle conserve de la *Belle-Poule*, dont cependant elle retardait la marche ; elle avait partagé ses fatigues, ses contrariétés, ses beaux jours ; les officiers et les passagers des deux navires s'étaient de mieux en mieux connus et appréciés ; les calmes leur avaient permis bien des fois des visites réciproques. Partis ensemble, les deux bâtiments semblaient destinés à revenir ensemble. Et maintenant il fallait se séparer ! Tout l'état-major de la *Belle-Poule* reconduisit jusqu'à leur chaloupe le commandant de la *Favorite* et l'officier qui l'accompagnait ; on se serrait la main, on s'embrassait, on se promettait de part et d'autre de combattre et de mourir, s'il le fallait, pour la France. Un instant après, les pavillons des deux navires étaient hissés, les équipages montaient sur les haubans, les états-majors se groupaient sur les dunettes, on se séparait aux cris de *Vive la France* ! le lendemain, la *Belle-Poule* et la *Favorite* s'étaient perdues de vue dans l'immensité de l'Océan.

Il fallait, à tout événement, se préparer à une défense énergique. Le prince ordonna de rouler sur leurs affûts toutes les pièces que la frégate pouvait présenter à l'ennemi. Les chambres provisoires disposées dans la batterie furent détruites ; les membres de la mission de Sainte-Hélène et l'au-

mônier durent céder les leurs à des locataires au
verbe plus haut, au ton plus brutal ; six canons
de trente remplacèrent les passagers ; les parcs
se garnirent de boulets ; il fut décidé que les
branle-bas de combat se multiplieraient. Déjà les
cloisons élégantes, les meubles précieux qui divisaient et garnissaient ces chambres, étaient jetés
à la mer. Le prince s'exécutait le premier de très-
bonne grâce. «Messieurs, dit-il gaiement aux passagers, j'en suis au désespoir, mais vous aviez usurpé
la place de nos caronades ; je ne pensais pas avoir
à vous réclamer sitôt la restitution du prêt qu'elles
avaient bien voulu vous faire.» Les officiers suivaient l'exemple de leur chef. Les matelots, ardents lorsqu'il faut construire, sont, dès qu'il s'a-
git de détruire, cent fois plus forts, plus adroits,
plus actifs encore. La besogne allait bon train.

Le prince, assis sur une table, encourageait les
travailleurs : «Garçons, leur disait-il, quand vos

pères naviguaient, un vaisseau français, le *Ven-geur*, s'abîma dans la mer pour ne pas se rendre aux Anglais. Est-ce que, si le sort trahissait votre courage, vous n'en feriez pas autant, vous autres, qui avez l'honneur de ramener en France le corps de l'empereur Napoléon? — Oui, oui! commandant, répondit l'équipage d'une voix unanime; nous mourrons tous, nous descendrons tous dans la mer avec le corps de notre empereur, plutôt que de le rendre aux Anglais. » Pour tout ce qui précède, nous avons cité textuellement.

L'enthousiasme était à son comble; la hache et le marteau eurent bientôt fait place nette. Long-temps les débris flottèrent autour de la frégate. Les vaisseaux qui les ont rencontrés dans leur route auront cru à quelque sinistre, arrivé dans ces parages. Les canons, nouveau-venus, étaient fêtés par-tout l'équipage; c'étaient de vieux amis qu'on revoyait après une longue absence; les matelots les frottaient avec joie et avaient à cœur de leur rendre tout leur luisant. « Ils peuvent venir maintenant, disaient-ils, la frégate est parée. » Et déjà le quartier de bord, témoin de ce noble élan, prenait, pour ne plus le quitter, le nom de *Lacédémone*.

Le 9, au point du jour, deux navires étaient en vue. Les matelots envoyés en vigie déclarèrent qu'ils avaient changé de route dès qu'ils avaient aperçu la frégate. Les idées de guerre qui fermentaient dans toutes les têtes prenaient à chaque instant plus de consistance. Le 18, on distinguait à seize lieues Sainte-Marie, l'une des Açores. On entrait dans les latitudes d'Europe; on devait rencontrer des bâtiments dans ces parages, qui sont l'une des grandes routes des Antilles; et pourtant pas une voile ne se dessinait à l'horizon. On en concluait que la guerre était déclarée, et que la crainte des hostilités retenait tous les navires marchands dans les ports. Le 27, on jetait la sonde pour la première fois par un fond de 95 brasses. On estimait qu'on se trouvait à 100 lieues environ de Cherbourg. C'était le moment de se préparer au combat. L'absence de toute croisière anglaise rassurait cependant les voyageurs. La paix était-elle maintenue ?

Le 28, à midi, les Sorlingues parurent, et point de croisière anglaise ! L'espoir se confirme. Le 29, quarante-trois jours après le départ de Sainte-Hélène, et cent cinquante-un après le départ de Toulon, on avait devant les yeux la terre de France. En haute mer, les fonctions du capitaine-commandant sont délicates, il faut diriger et surveiller, mais ce n'est rien en comparaison des dangers de toute espèce qui l'attendent à l'atté-rage ; vents et courants qui poussent à la côte, marées, bancs, roches, barres, brisans, vigies, hauts-fonds, que de périls à éviter ! Quelle responsabilité ! C'est là que les officiers se jugent et se classent mutuellement. A six heures, on n'était plus qu'à six lieues de la rade ; mais il faisait nuit.

Le jeune commandant, malgré un fort accès de fièvre, ne quitta pas le pont ; l'équipage entier resta debout, prêt à la manœuvre. Aucun lit, aucun hamac ne fut dressé. Le 30, vers trois heures du matin, le concours du vent et de la marée permit de tenter l'entrée de Cherbourg. A quatre heures on vit venir le bateau à vapeur la *Normandie*. La *Belle-Poule* avait été aperçue de terre au coucher du soleil, et le préfet maritime envoyait le bateau à la rencontre de la frégate. A cinq heures dix minutes on mouillait dans la rade. Le pavillon de soie avec son crêpe était hissé ; et au lever du soleil, les forts le saluaient de 101 coups de canon. Les restes mortels de l'empereur étaient entrés dans une rade de France.

Le 2 décembre, la *Belle-Poule* était mouillée dans le port. Les autorités de Cherbourg faisaient leur première visite au prince. Elles ne pouvaient se lasser d'admirer l'aspect majestueux de la frégate, sa coque peinte en noir rappelant l'acte solennel qu'elle venait d'accomplir, la tenue sévère des équipages, dont une grande partie avait laissé croître sa barbe en signe de deuil. La *Favorite* arriva de son côté dans la matinée du 2.

Pendant les huit jours que l'expédition resta à Cherbourg, la foule encombra sans relâche le pont de la frégate. Ce n'était plus l'inquiète curiosité des peuples qu'elle avait visités, c'était le religieux empressement d'une nation qui devait à l'empereur ses plus belles pages de gloire militaire. Près de cent mille âmes vinrent s'agenouiller devant le cercueil impérial. Le conseil municipal adopta plusieurs mesures concernant les honneurs à rendre aux cendres du grand homme. Il fut arrêté que le jour de leur transbordement dans le bateau à vapeur destiné à les porter à l'embouchure de la Seine, le maire, à la tête du conseil municipal, escorté par la garde nationale, partirait de l'hôtel-de-ville pour aller déposer, au nom de la population entière, sur le cercueil du héros, une couronne d'or composée de chêne et de laurier, à la banderole de laquelle seraient inscrits ces mots : « A Napoléon-le-Grand, la ville de Cherbourg reconnaissante! » La couronne ne put être prête pour le jour du départ, mais elle a été envoyée à Paris et déposée sur le sarcophage, aux Invalides. Il fut arrêté en outre que la *place du Rempart*, agrandie de tout l'espace nouvellement conquis sur la mer, et dont la ville jouit en vertu d'un décret impérial, porterait le nom de *place Napoléon*.

La *Belle-Poule* était amarrée dans la même partie du bassin qu'avait occupée le bateau sur lequel, en 1850, s'était embarquée la branche aînée des Bourbons. Elle était entrée dans le port, qui s'appelait originairement le *port Napoléon*, le 2 décembre, jour anniversaire de la bataille d'Austerlitz. Un des trois vaisseaux de ligne en ce moment sur le chantier porte le nom de cette victoire; un autre, celui de *Tilsitt*; et dans les bassins, à 50 mètres de la *Belle-Poule*, se trouvait, comme un souvenir vivant de l'époque impériale, le *Friedland*, mis en construction à la fin de l'empire, baptisé, à la naissance du fils de Napoléon, du nom de *Roi-de-Rome*, et, après bien des vicissitudes, après avoir changé dix fois de nom, rentré en possession du premier le lendemain des journées de juillet.

MM. de Las Cases et Hernoux étaient partis pour Paris, où les appelaient les travaux de la chambre. A bord, le général Bertrand attendait avec les autres membres de la mission le signal du départ, quand une lettre d'une écriture inconnue lui fut remise. Une pauvre jeune fille aveugle, ne pouvant être témoin des fêtes qui se préparaient, sollicitait en tremblant du compagnon d'exil de Napoléon un souvenir de Sainte-Hélène. Cette lettre si simple à la fois et si enthousiaste émut le vieux général, qui, après s'être informé de la position de la jeune aveugle, alla avec le colonel de Briqueville lui rendre visite et lui offrir quelques-unes des précieuses reliques qu'il avait rapportées.

Une dépêche ministérielle avait fixé au 8 le départ pour Paris. Le 4 au soir, le bateau à

vapeur le *Hambourg* quittait le Havre avec
soixante passagers qui, le 6, y rentraient après
avoir heureusement accompli leur saint pèlerinage. Le 7 au soir, un autel s'éleva de nouveau
au pied du mât d'artimon, des tapis funèbres furent étendus sur le pont et sur les panneaux, et
le cercueil fut déposé sur une estrade. Le 8, au
lever du soleil, la frégate se couvrit de ses pavois;
les autres bâtiments de guerre et de commerce,
ancrés dans le port et dans la rade, mirent leurs
vergues en pantenne et hissèrent leur pavillon à
mi-mât. Une messe solennelle devait précéder le
transbordement. A neuf heures, la garde nationale et les troupes de terre et de mer se rangèrent en bataille dans le port, déjà envahi par la
population. Les autorités civiles et militaires, le
corps de la marine, le clergé de la ville montèrent à bord. A dix heures devait commencer la
cérémonie religieuse; mais une pluie battante
rendit impossible la célébration de la messe, et
l'on dut se borner à une absoute.

Immédiatement après eut lieu l'opération du transbordement sur un plan incliné partant du gaillard de la frégate et aboutissant au gaillard d'arrière de la *Normandie*. Un sabord assez large avait été ouvert pour laisser passer le cercueil, qui descendit sans accident. A bord de la *Normandie*, le corps était déposé au milieu du gaillard d'arrière, à l'emplacement de la claire-voie, rasée à sept ou huit pouces au-dessus du niveau du pont. Aussitôt le transbordement effectué, le prince ordonna le départ pour la grande rade ; la *Belle-Poule* amena son pavillon du grand mât, les troupes présentèrent les armes, les drapeaux s'inclinèrent devant le cercueil impérial, les tambours battirent aux champs, les musiques firent entendre des harmonies funèbres ; et des forts, des batteries et des bâtiments de guerre, partit une salve de 21 coups. Alors les trois bateaux à vapeur se mirent en route pour passer du port militaire dans la rade. La *Normandie* marchait en tête avec le pavillon impérial au grand mât. Elle était commandée par M. de Mortemart, capitaine de corvette. Venaient ensuite les bateaux à vapeur le *Courrier*, commandé par M. Garbin, et le *Véloce*, par M. de Martineng, fils du préfet maritime. Sur la *Normandie* il y avait cent marins de la frégate ; une autre compagnie de cent hommes sur le *Courrier*, et enfin sur le *Véloce* deux compagnies de cent hommes chacune, qui au Hâvre devaient être transbordées sur le bateau à vapeur la *Seine*.

On resta plusieurs heures en grande rade pour faire les derniers préparatifs et disposer tout ce monde sur les nouveaux bâtiments. La population de Cherbourg se pressait encore sur les quais, sur la plage, sur la digue. Plus loin, on apercevait la

Belle-Poule et la *Favorite*, que les marins de l'expédition venaient de quitter, et dont la brise agitait les pavois comme un dernier adieu. La batterie de l'arsenal et le stationnaire continuaient à tirer un coup de canon de quart d'heure en quart d'heure.

Enfin le prince donna le signal de l'appareillage, qui fut annoncé à la rade par trois coups successifs tirés du *Véloce*. A ce signal, tous les forts, toutes les batteries de la marine, tous les bâtiments de guerre firent une dernière salve de 21 coups. Les trois bateaux à vapeur bouillonnaient en fouettant la mer de leurs roues agiles; des tourbillons de fumée montaient dans les airs. De retour de son exil, l'ombre de l'empereur reprenait le chemin de sa capitale.

A deux heures et demie on était en route pour le Hâvre. Le prince désirait y arriver à 6 heures du matin, afin de pouvoir en repartir au petit jour et profiter des dernières heures du flot. La mer était bonne, la nuit fut calme, étoilée; le mauvais temps qui avait duré toute la matinée s'était dissipé; l'horizon n'était plus menaçant. On avançait avec une grande rapidité.

Pendant la traversée le cercueil fut recouvert du manteau impérial; l'autel, décoré de velours brodé d'argent, fut disposé au pied du mât d'artimon; quatre aigles en argent en ornaient les angles. Autour du sarcophage s'élevaient trois ifs portant des bougies. De chaque côté pendaient des cassolettes où brûlait l'encens. A la tête, une croix dorée; aux pieds, une lampe dorée. Tout autour, d'autres lampes brûlaient constamment.

Vers minuit, on se trouvait en vue des feux du Hâvre. Le soir, à la marée, le bateau à vapeur la *Seine* était sorti de ce port avec le cutter le *Rôdeur* pour aller attendre en rade la flottille. Il devait accompagner le cortège, remorquant le *Rôdeur*, qui, pendant le parcours, servirait les salves, en réponse au salut des batteries. Dans les instructions que le prince avait reçues, il lui était expressément recommandé de ne point laisser accoster son bâtiment pendant le trajet et de n'autoriser personne à descendre à terre, si ce n'est pour l'approvisionnement du bord. Toute communication entre la flottille et les deux rives de la Seine était sévèrement interdite depuis le Hâvre jusqu'à Neuilly.

Le 9 décembre, à six heures du matin, le rappel battait pour la garde nationale du Hâvre : celle de Montivilliers était déjà en bataille sur la place de Provence. Malgré le mauvais état des chemins, les habitants des environs avaient marché toute la nuit pour se trouver à ce rendez-vous national. Les populations accourues de toutes parts couvraient les jetées et la plage. Les yeux cherchaient au-delà du *Veloce*, mouillé en rade, et parmi les vapeurs matinales de l'horizon, les mâts pavoisés qui devaient annoncer l'approche du cénotaphe flottant.

Il ne parut au large que vers six heures et demie, se dirigeant vers la Hève, ce promontoire aux flancs déchirés, du haut duquel François 1er contemplait l'armée navale qu'il envoyait contre l'Angleterre. En tête du convoi impérial s'avançait la *Normandie*, pavoisée des couleurs nationales, portant le pavillon royal au grand mât et tous ses autres pavillons hissés à joindre. Venait ensuite la *Seine*, puis le *Courrier*, qui fermait le cortège. Le *Rôdeur* était resté au large.

Vers sept heures, la flottille, laissant arriver le cap sur la Tour, gouvernait pour passer à petite distance des jetées. Elle avançait rapidement, favorisée par le vent et par le flot. Son approche, combinée avec les progrès de la lumière, qui, sur son passage, blanchissait le ciel, se dessinait plus nettement de minute en minute sur le front obscur de l'horizon.

Sur le gaillard d'arrière de la *Normandie*, entre quatre fanaux ardents, dont la vive lumière se mêlait aux clartés naissantes du jour et aux derniers reflets de la lune, apparaissait sous le manteau impérial le cercueil de Napoléon.

Le précieux dépôt passa lentement devant les gardes nationales, qui présentaient les armes, et devant ces masses de population qui étaient accourues. Le pieux recueillement de tant d'hommes animés d'une seule pensée ne fut troublé que par le bruit du premier coup de canon annonçant l'entrée des restes mortels de l'empereur dans un fleuve français, entre ces deux rives qu'il avait choisies pour sa sépulture.

La flottille et la terre échangèrent leurs saluts ; les cloches de toutes les communes environnantes y répondirent : un immense cri de *vive l'Empereur!* s'éleva majestueusement. En ce moment le soleil radieux se levait au-dessus des collines qui forment le lit du fleuve et faisait pâlir les flammes funéraires. Le cercueil semblait environné d'une auréole céleste. Il y avait je ne sais quoi de féerique dans cette apparition fugitive de l'ombre du grand homme entre les dernières ombres de la nuit et les premiers rayons du jour.

La flottille était entrée dans le fleuve. Dès ce moment commençait pour elle une marche triomphale. Le temps était froid. Décembre, avec son givre glacial, avec son vent du nord, désolait la campagne ; mais les populations en couvraient la nudité. Les municipalités, l'armée, la milice citoyenne ; le clergé chantant les offices des morts ; ces vieux soldats revêtus de leur uniforme ; ces femmes se signant et disant leur chapelet ; ces enfants ébahis ouvrant de grands yeux ; ces vieillards à genoux ; ces acclamations incessantes ; ces décharges continuelles de mousqueterie ; cet enthousiasme, en un mot, qui éclate de proche en proche , sur chaque rive, au passage du convoi, comme une immense traînée de poudre, tout cela est impossible à peindre ; il faut en avoir été témoin pour s'en faire une juste idée.

Les deux rives, malgré leur distance, étaient bordées d'habitants de toutes les communes voisines. Leur foule, presque invisible , ne signalait souvent sa présence que par des coups de fusil. Du haut des collines , du fond des vallées , du plus loin qu'on pouvait distinguer la *Normandie*, partaient des signaux de toute espèce indiquant des groupes de citoyens satisfaits d'avoir pu apercevoir un instant le cercueil du héros populaire. A Quillebeuf, où le convoi devait longer la terre, une ovation avait été préparée : les gardes nationales de Pont-Audemer , de Saint-Aubin , de Sainte-Opportune , de tous les environs jusqu'à Trouville, s'étaient donné rendez-vous sur ce point. Elles étaient rangées sur le quai de Quillebeuf, favorable à leur développement. De l'autre côté de la Seine , malgré l'éloignement, les habitants de Lillebonne garnissaient la rive ; et telle était l'émotion qui les dominait, que , séparés du convoi par toute la largeur du fleuve, ces braves gens s'avançaient jusque dans l'eau pour s'en rapprocher !

Quand le convoi défila devant le quai de Quillebeuf, il fut salué par des feux de peloton et des salves d'artillerie répétées ; la garde nationale présenta les armes, les drapeaux s'inclinèrent ; et les navires, pavoisés en signe de deuil, abaissèrent leurs pavillons ; puis des cris d'enthousiasme se firent entendre, que répétaient à l'envi les populations voisines.

EXPÉDITION DE LA FLOTTILLE

DE

BATEAUX A VAPEUR

de la Seine.

Tandis que la flottille impériale, partie de Cherbourg, remontait la Seine, une autre flottille de bateaux à vapeur de moindre dimension la descendait dans les journées des 6, 7 et 8, allant à sa rencontre pour lui demander son précieux dépôt. Celle-ci se composait des trois *Dorades*, des quatre *Etoiles*, de la *Parisienne*, du *Zampa* et du *Montereau*, frétés par le gouvernement. Les *Dorades*, destinées à remorquer ou à transporter le corps, du val de La Haye à Courbevoie, partirent de Saint-Cloud le 7 à trois heures du soir, traînant le bateau-catafalque construit pour la cérémonie.

Ce bateau monumental était surmonté, sur l'arrière, d'un temple figurant le bronze, tout décoré de draperies. Le tapis était en velours violet, semé d'abeilles d'or; le plafond, en satin blanc, orné de broderies d'or. Aux angles du couronnement, quatre aigles d'or soutenaient de longues guirlandes d'immortelles; quatre cariatides dorées gardaient l'entrée du temple. Là devait être déposé le cercueil, recouvert du poêle impérial. A l'arrière, où flottaient des trophées de drapeaux avec les noms des victoires de l'empereur, se dressaient des buissons touffus, de lauriers, de pins naturels et de palmes d'or. Autour du temple qui s'élevait et s'abaissait au moyen d'un mécanisme afin de pouvoir passer sous les ponts nombreux de la Seine, régnaient des trépieds de forme antique, dans lesquels fumaient l'encens et des parfums; enfin, vingt pilastres, séparés par autant de boucliers sur lesquels on lisait encore les noms des grandes batailles de l'empire, enlacés de guirlandes de chênes, d'immortelles et de lauriers, enveloppaient le bâtiment, dont la proue était ornée d'un immense aigle d'or.

Ce bâteau, malheureusement, présentait une si grande surface à l'action du vent, qu'après des efforts inouïs pour le remorquer, la *Dorade* n° 3, qui était attendue pour le lendemain au val de La Haye, fut forcée de le laisser aux environs de Saint-Denis. Ces manœuvres avaient lieu de nuit, par un froid très-vif. Un des pilotes du bateau à vapeur tomba à l'eau et disparut sous les trois *Dorades*, qui étaient mouillées côte à côte. Il fut ramené à bord, tout étourdi de sa chute. On l'étendit près de la chaudière de la machine pour le réchauffer; on courut chercher un médecin à Saint-Ouen. Quand le docteur arriva, le pilote ouvrait les yeux; et, sur la demande qui lui fut faite s'il avait bu beaucoup d'eau: « Beaucoup trop, répondit-il; passez-moi, je vous prie, un verre de vin! » L'Esculape ne pensa pas que le remède fût mauvais, mais il insista pour qu'on débarquât le marin. On ne put réussir à l'y décider. « Je vais chercher l'empereur Napoléon, disait-il; c'est la *Dorade* n° 3, l'*Invincible*, qui doit porter son corps: je ne céderai ma place à personne au monde. » Et en effet, c'est lui, le brave Caquet, qui a conduit le bateau à vapeur au val de La Haye; qui de là, sur le même bateau, a ramené à Courbevoie le cercueil impérial, n'ayant voulu confier une minute la barre du gouvernail à aucun de ses camarades.

Du reste, c'est une de ces figures caractéues devant lesquelles on s'arrête et qu'on

admire. Des peintres, des statuaires de mérite, passagers des *Dorades* dans la belle saison, ont reproduit ses traits plus d'une fois.

Le 8, à neuf heures du matin, les trois *Dorades* arrivaient au Pecq et en partaient immédiatement après avoir fait leur provision de charbon. La *Dorade* n° 3 était commandée, nous l'avons déjà dit, par le directeur de cette entreprise, M. le capitaine A. Garay, ancien officier de la marine royale. Il avait à bord M. Garnier, jeune architecte du gouvernement, chargé de décorer les bateaux. A huit heures du soir, toute la flottille était réunie dans le port de Rouen. M. Dumoulin, inspecteur général de la navigation de la Seine, était déjà arrivé dans cette ville, chargé par le ministère de s'entendre avec le préfet pour le passage de la flottille. Ce magistrat avait recommandé à M. Garnier de ne rien épargner pour la décoration du bateau-catafalque la *Dorade* n° 3. La nuit fut employée en préparatifs : une tenture de soie violette, à franges d'argent, enveloppa le pourtour du bateau, surmonté de quarante drapeaux tricolores, et bordé de guirlandes de chêne et de cyprès. A l'avant, le catafalque destiné à recevoir le cercueil, entouré de rideaux de velours noir, à torsades d'argent. Des guirlandes et des couronnes d'immortelles, au milieu desquelles brillaient des N, brodés en or, complétaient la décoration.

Le 9, à huit heures du matin, la flottille partit de Rouen pour le val de La Haye. La rivière était couverte d'un brouillard épais : on ne distinguait rien à deux longueurs de bateaux. Partout les cloches tintaient à bord, afin d'éviter qu'ils ne se heurtassent. Il y avait quelque chose de lugubre dans cette nuit épaisse, à travers laquelle tous ces petits navires glissaient au hasard au milieu de ces tintements d'alarme. Un froid humide paralysait les mouvements des équipages ; on n'avançait presque qu'à tâtons. Force fut à l'escadrille de laisser tomber l'ancre devant la Douane.

A une heure, quoique l'intensité du brouillard fût toujours la même, on résolut de se remettre en route. On commença bientôt à distinguer, à travers un voile de vapeurs, les bords de la Seine, couverts de nombreuses populations rurales en habits de fête, de détachements de gardes nationaux à peine organisés, mais pleins d'enthousiasme, de troupes de ligne, de gendarmes, de douaniers. Des drapeaux flottaient à toutes les maisons. On était à la hauteur du val de La Haye. Alors deux coups de canon se firent entendre ; la Seine sembla s'élargir ; l'épais brouillard qui cachait à moitié les deux rives s'ouvrit comme déchiré par un doigt magique. La *Normandie* s'avançait majestueusement vers la petite flottille. Les gardes nationales, les troupes, les douaniers, les gendarmes, présentèrent les armes, les drapeaux s'inclinèrent, les tambours battirent aux champs, les pierriers redoublèrent leurs décharges, les cloches de tous les villages sonnèrent à grande volée, et le clergé en pompe fit retentir les deux rives des cantiques des morts.

Il y avait rivalité entre les bateaux à vapeur de la Seine pour obtenir l'insigne honneur de transporter les cendres de Napoléon jusqu'au débarcadère de Courbevoie. Chaque entreprise faisait valoir ses protections et ses amitiés. Le prince déclara qu'il les visiterait tous et qu'il donnerait la préférence à celui qui lui paraîtrait le plus propre à remplir cette solennelle mission. Son choix se fixa encore sur la *Dorade* n° 3, et il adressa les paroles les plus flatteuses au capitaine A. Garay.

Il remercia aussi l'architecte du gouvernement, M. Garnier, des peines qu'il s'était données pour décorer le bateau, mais ce luxe de draperies et de guirlandes, quelque bien entendu qu'il fût d'ailleurs, ne pouvait convenir au jeune commandant qui, au moment du danger, avait transformé son boudoir de la *Belle-*

Poule en une moderne Lacédémone. L'ordre fut donné aux matelots de la frégate de faire disparaître cette pompeuse décoration ; et, il faut leur rendre justice, l'ordre fut bientôt exécuté. Ils ne mirent pas dix minutes à abattre ce qui avait coûté toute une nuit à édifier. L'architecte était désolé : « Capitaine, dit le prince en se tournant vers M. A. Garay, n'êtes-vous pas de mon avis? La plus belle décoration de votre bateau, c'est le cercueil. » Le soir même il fut arrêté que la coque de la *Dorade* serait peinte en noir ; qu'à la tête du mât flotterait le pavillon impérial ; que, sur le pont, à l'avant, reposerait le cercueil, couvert du poêle funèbre.

Ainsi fut fait. La *Dorade* nº 3 alla se ranger le long de la *Normandie*, et, malgré la différence de niveau des deux bâtiments, vingt-quatre matelots de la frégate, la tête découverte, enlevèrent le cercueil impérial, descendirent avec précaution en le portant sur leurs épaules et le déposèrent à l'avant de sa nouvelle demeure flottante. Tout cela s'accomplit dans le plus profond silence ; ce fut l'affaire de quelques secondes. Quatre petits obusiers provenant de la *Belle-Poule* furent braqués à l'arrière, et le pavillon fut hissé à tête de mât. Avant de s'éloigner, la *Normandie* obtenait la faveur de conserver

la toilette de deuil qu'elle avait revêtue en recevant les restes mortels du héros. La place
qu'ils occupaient sera dorénavant réservée ; une
plaque entourée d'une grille y rappellera au voya-
geur, par une inscription simple, que ce fut là
qu'ils reposèrent pendant trente heures.

On redoutait l'encombrement sur le bateau
amiral. Le prince avait ordonné que toutes les
personnes invitées, ou étrangères au service, seraient transportées à bord des autres navires.
Pour échapper à cet exil nécessaire, plusieurs
personnes, et notamment l'agent comptable de
bord M. Munoz, échangèrent leurs vêtements
contre des défroques de matelots, et restèrent
pendant la traversée confondues avec l'équipage.

Un événement fâcheux avait signalé l'arrivée
du prince à la hauteur du val de La Haye : en
servant une pièce, un garde national fut assez
grièvement blessé ; le maire et le curé prièrent
l'abbé Coquereau de présenter au prince une
demande de secours en sa faveur ; il y fut fait
droit.

Le lendemain, 10 décembre, dès les premiers
rayons du jour, les rives de la Seine se garnissaient de spectateurs accourus de toutes les communes voisines pour assister au départ de la
flottille. A neuf heures, tous ces bateaux s'agi-
tèrent, poussant un nuage de fumée qui les en-

veloppait comme un crèpe funèbre. En tête s'a-
vançait la *Parisienne*, portant l'inspecteur général de la navigation M. Dumoulin, les deux
inspecteurs MM. Duchesne et Dunaime, l'inspecteur spécial des bateaux à vapeur M. Da-
liot et deux prudhommes-mariniers, ayant une
grande habitude de la rivière, MM. Gontard et
Brigant. Du reste, tout le talent de ces messieurs
allait devenir complétement inutile : pour la
première fois peut-être, la Seine était destinée
à voir une escadrille de bateaux à vapeur navi-
guant selon les lois maritimes, avec ses signaux
et son ordre de bataille ; rien n'y manquait, pas
même l'*aviso* ou la *mouche* de l'amiral.

Venaient ensuite le *Zampa*, portant la musique du prince ; la *Dorade* n° 3, portant le cercueil impérial, le prince, le commissaire du
Roi, les membres de la commission de Sainte-
Hélène, les serviteurs de Napoléon et la première compagnie de la *Belle Poule* servant
de garde d'honneur au cénotaphe ; l'*Etoile*
n° 2 ; l'*Etoile* n° 3 ; l'*Etoile* n° 4 ; l'*Etoile*
n° 1, avec d'autres marins de la frégate ; la *Dorade* n° 2, avec les officiers et les matelots de
la *Favorite* ; la *Dorade* n° 1, et le *Montereau*. Le temps était beau, mais froid et brumeux ; on marchait à trois longueurs de bateaux.

Depuis plus d'une semaine, tout le monde à Rouen était sur pied; on travaillait nuit et jour aux préparatifs de la réception qu'on allait faire aux restes mortels de l'Empereur. Le milieu du pont de fer, qui devait en être le principal théâtre, présentait tous les soirs un aspect vraiment féerique, illuminé qu'il était, à une grande hauteur, par plus de cent fanaux, qui éclairaient les ouvriers. Les drapeaux des montants devaient avoir dix mètres de long. Plus de 20,000 mètres de draperies violettes, parsemées de 36,000 abeilles, avaient été commandés. Un ingénieur habile, M. de Saint-Léger, dirigeait les travaux, aidé de MM. Dumée et Hippolyte Bellangé.

Le départ du val de La Haye fut annoncé à Rouen par deux bombes, lancées le long du rivage, jusqu'à la place de Saint-Sever. L'artillerie de la garde nationale, qui couronnait les hauteurs de Sainte-Catherine, et les navires d'honneur, mouillés dans le port, commencèrent alors à tirer un coup de canon de minute en minute. A onze heures moins quelques minutes, le convoi parut vis-à-vis l'île du Petit-Guay. La *Dorade* n° 3 s'arrêta pour recevoir des dépêches adressées au prince et pour prendre à bord le capitaine du port, M. Legrand, qui devait guider le bateau dans son passage à travers la ville. Un silence religieux régnait autour du catafalque. Sur l'avant du cercueil se tenaient debout quatre marins de la *Belle-Poule* ; on y remarquait aussi les généraux Bertrand et Gourgaud, M. Marchand, en uniforme de lieutenant de la garde nationale, et M. de Rohan-Chabot. Derrière, l'abbé Coquereau récitait des prières et brûlait de l'encens. Plus loin, paraissait le prince, entouré de son état-major. Les marins de la *Belle-Poule* étaient en bataille sur le pont ; et, de minute en minute, les quatre obusiers de la *Dorade* répondaient aux saluts funèbres des navires et de la batterie de Sainte-Catherine.

Rien de plus imposant que l'aspect qu'offrait l'arceau central du pont de fer, décoré en arc de triomphe ; ce pont et ses abords avaient été spécialement réservés aux anciens officiers, légionnaires, blessés et soldats de l'Empire, à ces glorieux débris de la grande armée, dont les vieux uniformes excitaient l'enthousiasme de la foule. On distinguait, au milieu d'eux, le général de Stabenrath, qui commandait Rouen en 1810, quand Napoléon, de retour de Schœnbrunn vint visiter la Normandie, et qui, en 1815 et 1816, protégea cette ville contre les troupes prussiennes.

Des trophées et des pyramides étaient érigés sur les deux rives et sur le pont de pierre ; les monuments publics avaient arboré le drapeau tricolore ; une oriflamme, entourée de bannières nationales, surmontait la flèche de la cathédrale; les maisons particulières et les navires étaient pavoisés.

Le cardinal-archevêque avait convoqué son nombreux clergé pour neuf heures précises. Quand tout le monde fut réuni : « Allons, messieurs, dit-il à ceux qui l'entouraient, venez avec moi sur la grève du fleuve ; nous prierons pour celui qui a rouvert nos églises et relevé nos autels. » Et le clergé se mettait processionnellement en marche pour le quai de Saint-Sever, afin de prier sur le cercueil, au moment de son passage.

Déjà les autorités civiles et militaires étaient réunies sur le même point. Les gardes nationales de Rouen et des communes voisines et la troupe de ligne bordaient les deux rives. L'artillerie continuait à tirer de minute en minute ; toutes les églises de la ville et des environs tintaient le glas ; les drapeaux et les tambours étaient voilés ; les musiques de la garde nationale et de la garnison exécutaient des marches funèbres.

A l'arrivée du convoi dans la ville, la *Parisienne* et le *Zampa* allèrent se placer en amont du pont de pierre ; le bateau catafalque s'arrêta seul entre les deux ponts ; et la suite resta en aval du pont suspendu. Le spectacle qui se passait alors autour de la flottille est impossible à décrire. « Il faut, comme dit l'abbé Coquereau, avoir vu ces quais, chargés de trophées militaires, étincelants d'armes ; ces escadrons, dont les chevaux se cabrent en hennissant ; ces casques qui brillent au soleil ; ces panaches, ces plumes, ces drapeaux qui s'agitent et s'inclinent ; ces estrades, ces fenêtres, ces balcons garnis de dames aux riches parures ; ce pont couvert de soldats de l'Empire, hors d'eux-mêmes, éperdus, versant des larmes de joie ; ce vaste bassin où la flottille se déploie en ordre de bataille ; ces fanfares lugubres des musiques ; ces volées monotones des bourdons ; cette voix du canon, mugissant de minute en minute du haut de la colline ; ces cent prêtres mêlant leurs blanches tuniques aux

uniformes chamarrés d'or, aux robes de pourpre des magistrats ; ce prince de l'église qui s'a-
vance au bord du fleuve pour répandre la prière
et donner au cercueil impérial la bénédiction
de l'église, pendant que cent voix font monter
vers Dieu le *De profundis*, l'hymne funèbre
des dernières douleurs. Oh ! jamais le temps
n'efface de l'âme le souvenir de pareilles émo-
tions ! »

Dès que le cardinal-archevêque eut prononcé
l'absoute, une salve de six coups de canon annonça que la cérémonie, dépouillant sa teinte
lugubre, allait revêtir un caractère triomphal ;
les cloches sonnèrent à grande volée, les em-
blèmes de deuil disparurent, les troupes présentèrent les armes, les tambours battirent aux
champs, les musiques jouèrent des airs de triomphe, une salve de 101 coups annonça l'allégresse publique et une distribution générale de
secours aux indigents.

En passant sous le pont que couvraient les
vétérans de la grande armée, l'équipage qui
entourait le cercueil, vit des larmes couler des
yeux de tous ces braves ; plusieurs s'étaient
précipités à genoux ; ils voulaient crier encore
vive l'Empereur ; des sanglots interceptaient
leur voix ; puis, par un mouvement spontané,
couvrant de pleurs et de baisers tous les bou-

quets d'immortelles, tous les lauriers, toutes les fleurs qu'ils avaient sous la main, ils les faisaient pleuvoir sur le bateau impérial, qui, dans un instant, en fut jonché. C'était le dernier adieu de ces sublimes *grognards* à leur illustre chef, c'était leur dernier hommage et leur dernière couronne.

À l'issue de la cérémonie, le conseil municipal de Rouen décida qu'une médaille serait frappée pour en conserver le souvenir, et que le procès-verbal de la solennité serait conservé dans les Archives de la ville.

Depuis long-temps déjà la flottille avait quitté l'ancienne capitale de la Neustrie, que le canon tonnait encore et que la garde nationale à cheval, dans son brillant uniforme, escortait le cénotaphe au galop.

Mais l'enthousiasme de Rouen, quelque vif qu'on le suppose, n'était rien en comparaison de celui des communes rurales voisines. Le convoi remonta la Seine, laissant à droite Sotteville, avec ses prairies et son clocher pittoresque; Amfreville la Mie-Voie, avec ses charmantes habitations et ses jardins; Saint-Étienne du Rouvray, avec sa large plaine et sa vaste forêt; Oissel, au clocher svelte et élégant, aux îles plantées de saules et de peupliers si verts dans la belle saison; Tourille; Orival, resserré par la rivière au pied des montagnes escarpées, et, sur la gauche, Blosseville, si riant, si coquet, avec sa chapelle de Bon-Secours; Belbeuf que domine son château, avec son parc et ses belles terrasses; les Authieux, avec ses cavernes creusées dans le roc; Cléon; et Saint-Aubin, joli village qui sera bientôt un faubourg d'Elbeuf. Partout les portes, les fenêtres, les toits des maisons étaient couverts d'une population avide de voir passer le cortége. Aux gardes nationales à demi organisées se mêlait un clergé nombreux, dont l'élan devançait toutes les autres et saisissait toutes les occasions ingénieuses de se manifester. Ici, sur une tenture noire, il avait inscrit en lettres blanches, ces mots : *Honneur à l'empereur Napoléon!* Là, ses cris d'allégresse donnaient le signal à ceux de la population, que répétaient tous les équipages de la flottille. Jamais ces braves marins n'avaient assisté à une aussi belle fête. Jamais héros national n'avait été aussi universellement célébré.

Il faisait encore grand jour, quand la flottille longea le quai d'Elbeuf, cette cité manufacturière qui reconnaît Colbert pour son patron. Elbeuf a vaincu Rouen en enthousiasme. Ce peuple de fabricants, hommes et femmes, n'avait qu'une voix pour honorer Napoléon. De vieux soldats de l'Empire, en grand uniforme, étaient

mêlés à la garde nationale qui agitait ses armes
et ses drapeaux. Des ouvriers, chargés d'un ou
de deux enfants, leur espoir, leur richesse à venir, dans ce vaste atelier où tout le monde tra-
vaille, leur montraient du doigt le cercueil et
racontaient les merveilleux exploits du héros à
ces enfants tout ébahis. Ces enfants, leurs frères
aînés, leurs pères, leurs vieilles mères, leurs
sœurs, tout le monde pleurait. Une vieille
femme, accompagnée de sept jeunes filles,
toutes en grand deuil, se jeta avec elles à ge=
noux dès qu'elle vit approcher le cercueil ; et
ces huit femmes, cette veuve sans doute, et ces
filles de quelque brave qui n'avait pas assez
vécu pour voir les dépouilles impériales, ne se
relevèrent que lorsque le convoi fut déjà loin.

Après Elbeuf, l'escadrille passa devant Cau=
debec qui en est comme le faubourg, devant
Sotteville-sous-Val et Criquebeuf. A cinq heures
du soir, elle approchait de Pont-de-l'Arche, cette
citadelle de Charles-le-Chauve, qui n'est plus
remarquable que par sa jolie église gothique
et par son vilain pont de vingt-deux arches, tout
parsemé de vieilles maisons juchées sur de longs
pans de bois. Le long des deux rives, s'étaient
donné rendez-vous toutes les gardes nationales
de l'arrondissement de Louviers, toutes les
troupes de ligne des environs, ayant à leur tête

le préfet de l'Eure, le général commandant le département et les principales autorités. Un silence respectueux régnait dans ces masses, accrues de toutes les populations voisines. C'était solennel, majestueux, mais l'enthousiasme d'Elbeuf n'animait plus cette foule. La flottille défila entre ces deux haies militaires et s'approcha de l'écluse par laquelle on franchit la dernière arche du pont. Mais à peine les premiers bateaux à vapeur y étaient-ils engagés, que toute cette masse d'hommes, tambours et musique en tête, traversait rapidement le pont en pleine retraite. Sans doute, le froid était piquant, on attendait depuis long-temps le convoi, on avait un long chemin à faire pour regagner ses foyers, mais la flottille qui suivait le corps de l'Empereur, sur laquelle il ne faisait pas plus chaud et qui avait un bien plus long trajet à faire, cette flottille qui portait les marins de la *Belle-Poule* et de la *Favorite*, méritait bien aussi quelques égards.

Il faisait nuit quand on eut dépassé l'écluse. D'épaisses ténèbres dérobèrent au convoi les Damps, le Manoir, Pitres, Amfreville-sous-les-monts, avec sa côte romantique des Deux Amants; et le village de Poses, qu'on citait jadis comme un des passages les plus périlleux de la Seine. Ce fut là qu'on jeta l'ancre jusqu'au lendemain. Il ventait bon frais.

À partir de ce jour, le prince établit sur sa flottille l'usage, pour tous les officiers de la *Belle-Poule* et de la *Favorite*, de venir chaque soir à l'ordre à bord de la *Dorade* n° 3. Après avoir traité de ce qui concernait le service, on prenait le thé, on causait, on fumait, on se communiquait les rares nouvelles qui arrivaient de Paris. Le ministère, pour donner le temps d'achever les préparatifs auxquels on procédait dans la capitale avait été forcé de condamner tous ces braves marins, déjà fatigués d'un voyage de long cours, à consacrer quatre jours à remonter la Seine du val de La Haye à Courbevoie; voyage qu'on accomplit ordinairement du matin au soir. Il fallut se résigner. Ajoutez que tous ces bateaux à vapeur, admirablement disposés pour leur navigation de jour, sont loin d'avoir les aménagements indispensables pour des traversées de nuit. Aussi couchait-on pêle-mêle sur les banquettes, sur les tables, dessous, par terre, enveloppé de son manteau, avec ou sans matelas, comme on pouvait.....

Quand on s'était oublié un peu tard à causer avec un compagnon d'infortune à une extrémité du salon, c'était un rude problème à résoudre que celui de regagner l'autre extrémité, si l'on

y avait son gîte. Il fallait y regarder à deux
fois, lorsque les lampes le permettaient, pour
trouver où poser le pied sur le parquet tout
pavé de têtes endormies. Souvent, au moment où
vous croyiez avoir franchi tous les dangers, un
cri aigu, dominant tout à coup l'accord des con-
tre-basses des ronfleurs, vous annonçait que vous
aviez eu le malheur de fouler quelque compagnon de route. Il fallait une singulière persévé-
rance pour achever, avec l'aide de Dieu, cette
traversée, toute parsemée d'écueils humains.

Or, arrivé à votre gîte, vous n'étiez pas au terme
de vos douleurs : on avait vainement tenté, à bord
de plusieurs bateaux, de monter des poêles
pour combattre le froid qui était extrême; il
avait fallu presque partout y renoncer. Ces bateaux ne naviguent qu'en été dans la belle saison, un poêle serait du superflu à bord. Forcé
d'opter entre un froid rigoureux et une fumée
étouffante, tout le monde avait opté pour le
froid; et les poêles avaient été relégués à l'é-
cart.

A part ces inconvénients légers, dont tout le
monde avait également à souffrir, l'escadrille
était un véritable paradis flottant; marins d'eau
douce et d'eau salée eurent bientôt fait connaissance; la société était excellente : impossible de rencontrer des passagers plus affables,

un corps d'officiers plus instruits , de meilleur ton, de manières plus engageantes. L'humeur du prince était toujours la même ; il donnait l'exemple de la résignation ; sa douce gaieté ne se démentait pas. Dès son arrivée à bord, il avait distingué le directeur des *Dorades*, le capitaine A. Garay ; déjà il avait causé marine avec lui ; plus tard il l'autorisa à conserver à son bateau sa robe de deuil, à placer une inscription , environnée d'une grille, là où reposait le corps du héros, et à appeler la *Dorade* n° 3 l'*Empereur Napoléon*. Enfin il lui remit un morceau du cercueil de Sainte-Hélène pour en décorer le salon de bord, et une magnifique tabatière d'or, au chiffre du Roi, comme témoignage de satisfaction.

Cette vie de privation, à laquelle il avait bien fallu que les officiers et les passagers se résignassent, n'avait pas atteint les matelots. Ces braves gens-là étaient naturellement mieux traités que sur mer ; ils mangeaient des volailles aux champignons et buvaient du vin de Bordeaux ; peu leur importaient la rigueur du froid et la dureté de leur couche. Il fallait les voir en contemplation devant leur menu ! Leurs monologues étaient tout pantagruéliques. « Ces bourgeois appellent ça du mauvais temps, murmurait un jour l'un d'eux, qui se croyait seul,

les yeux attachés sur son assiette ; du mauvais temps ! Ah ! pourquoi ne dure-t-il pas toujours, ce mauvais temps-là ? »

Chaque matin, au point du jour, le prince
montait son canot avec son officier d'ordonnance et allait visiter tous les bateaux de la flottille, s'informant de ce qu'il y avait de nouveau
à bord et de la santé de ses hommes. On n'eut
pas une seule punition à infliger pendant toute
la traversée.

Le 11, la flottille a passé devant Tournedos,
Connelles, Herqueville, Porte-Joie, Andé,
Pierre-du-Vauvray, Vironvey, Muids, Bernières,
la Roquette, le Thuit, avec son petit pavillon
rouge, reste du superbe château du chancelier
Maupeou ; les Andelys, dont les maisons bordent
la Seine et que dominent les ruines imposantes

du Château-Gaillard, forteresse de Richard-

Cœur-de-Lion; Vezillon, Tosny, Bouaffles, Courcelles; Saint-Pierre-de-la-Garenne, Port-mort, Pressagny; la Madeleine, jadis ancien prieuré, plus tard habitation pittoresque de Casimir Delavigne; Saint-Pierre-d'Autels; Saint-Just, dont l'hôpital, fondé par le duc de Penthièvre, devint plus tard le château du maréchal Suchet; Vernon, avec ses ruines d'anciennes fortifications, son église gothique, son château royal et son beau parc de construction d'équipages pour l'armée. Partout les gardes nationales, les troupes, les populations étaient sur pied; partout l'enthousiasme était le même, et les mêmes acclamations se faisaient entendre sur les deux rives.

Dans la traversée, un point rouge avait fixé les regards des équipages sur le bord de la Seine. On manœuvra afin d'en passer à peu de distance, et l'on distingua un lancier rouge de la garde impériale, qui était venu seul, avant le jour, en grand costume d'autrefois, présenter ses derniers hommages à l'ombre de son général. Aussitôt qu'il aperçut le bateau-catafalque, un voile de larmes couvrit ses yeux, il redressa ses vieux membres criblés de blessures, dégaîna son vieux sabre, salua militairement le convoi; et on l'entendit crier d'une voix entrecoupée de sanglots: « Adieu! Napoléon, adieu mon empereur, je puis mourir maintenant. » Et

toute la flottille avait défilé depuis long-temps,
que le brave lancier restait encore au port
d'armes, immobile, ne s'inquiétant nullement
du flot qui mouillait ses pieds.

Avant d'arriver au pont de Vernon, les bâtiments avaient profité du magnifique bassin que
forme la Seine dans ces parages, pour faire l'essai
de leur vitesse respective. Ce fut un beau spec-
table pour les populations qui, accourues sur les
deux rives, admiraient ces manœuvres, auxquelles le prince présidait.

Le pont fut franchi de bonne heure devant

la garde nationale, les soldats du train des équipages, les populations de la ville et des alentours ; puis, on côtoya Giverny, Port-Villez,
Limetz, Jeufosse ; Bennecourt, avec toutes ses
îles, si resplendissantes en été, et ses coteaux
couverts de vignes ; Bonnières, Freneuse ; et l'on
mouilla devant la Roche-Guyon qui s'énor-
gueillit de son manoir des La Rochefoucault,
de sa vieille tour, de sa chapelle creusée dans
le roc et de son pont suspendu. Le froid était
toujours vif et le ciel brumeux.

Le lendemain samedi 12, on longea Haute-Ile,
où séjourna Boileau ; Moisson, Vetheuil, dont la
situation est si pittoresque avec ses ruines de château fort et son église gothique ; Mousseaux, Méri-
court, Rolleboise, renommé pour sa tour de
Duguesclin et sa triste galiote, le paquebot des
nourrices de Paris ; Rosny, dont le château fut
le berceau de Sully et le séjour d'été de la duchesse de Berry, qui y donna de si brillantes
fêtes et y fonda un hospice ; Guernes enfin,
Gassicourt, Limay et Mantes, Mantes, qu'on a
surnommée *la Jolie*, et qui s'assied, si propre
et si coquette, sur le bord du fleuve où elle se
mire ; Mantes, avec sa délicate église de Notre-
Dame, toute semée de dentelles de pierre, et
sa vieille tour de Saint-Maclou, témoin de si
terribles combats. Dans les campagnes, l'en-

thousiasme est toujours le même, c'est toujours le cœur seul qui fait les frais de la réception si simple, si franche, qui attend le
convoi de Napoléon. A Mantes, où l'on arrive à
dix heures du matin, l'espace semble manquer
à la population, le port est envahi, une magnifique garde nationale, de toutes armes, se déploya
en bataille sur les deux rives, ayant à sa tête le
sous-préfet, le maire, le clergé en habits sacer-
dotaux, le tribunal, toutes les autorités. C'est
l'artillerie de la milice citoyenne qui salue la flottille de l'Empereur; la *Dorade* n° 3 y répond
en passant sous le pont, décoré de trophées d'armes où sont inscrites les principales victoires
du héros. Cette foule compacte ne semble avoir
qu'une voix pour bénir sa mémoire.

Même réception à Porcheville, à Mézières, à
Rangiport, à Juziers, à Meulan même, où l'on
remarque cependant l'absence de la garde nationale et du clergé : une lettre adressée par le
maire de cette ville au préfet de Seine-et-
Oise et publiée dans plusieurs journaux, a parlé
de *mystifications douloureuses* dont cette
commune et les populations environnantes auraient été les victimes; le convoi impérial n'aurait été attendu que pour le lendemain 13 vers
9 heures, et des dispositions auraient été prises
en conséquence.

Non, il n'y a eu de la part de qui que ce soit dessein arrêté de mystifier personne. Le prince commandant la flottille, craignant que, si le froid continuait, les glaces n'interrompissent la navigation de la Seine , a, dans les commencements, forcé son itinéraire, sauf à y rentrer plus tard aux approches de Paris. Voilà tout ! Il est à regretter que M. le maire de Meulan n'ait pas été informé de ce changement d'étapes, comme tous ses collègues des deux rives ont dû l'être ; car tous ont été exacts au rendez-vous de la reconnaissance.

Après Meulan, on a salué le Temple, Port-Mahon, Vaux, Triel qui s'adosse à une haute colline, avec son église en amphithéâtre et son hospice, desservi par les Sœurs de la Charité, qui se rangèrent pieusement sur la grève pour dire un dernier adieu au cercueil impérial. On distingue ensuite Verneuil, le château qui fut à Lepelletier de Saint-Fargeau et aux Talleyrand ; Vernouillet, Médan , Vilaines ; et Poissy qui voit l'escadrille de Napoléon passer en plein jour sous le pont de pierre dont cette vieille cité est redevable à Louis IX, un de ses enfants. Salut, moulins si laids et si utiles ! Vaste marché de bestiaux qui alimente Paris ! Murs célèbres par l'assemblée des grands et des prélats qu'y tint Charles-le-Chauve, par le séjour de Hugues-

Capet, de Robert, de Saint-Louis, de Philippe-
le-Hardi et d'autres rois de France, par le col-
loque de Poissy, où prélats, seigneurs, théolo-
giens, catholiques et protestants, envenimèrent
leurs querelles en voulant les assoupir !

Depuis Meulan, l'enthousiasme n'avait fait
que croître ; c'étaient partout les mêmes dé-
monstrations spontanées, le même enivrement.
A Poissy, la rive était couverte de gardes nationales, de troupes de ligne, d'habitants de l'intérieur qu'unissait une seule pensée, le désir de
payer un dernier hommage aux cendres du héros qui avait fait la gloire de la France.

La flottille alla mouiller au-delà du pont où
la Seine est encore fort large. Sur les deux

rives se formèrent immédiatement des bivouacs,

des feux s'allumèrent, des tentes furent dressées, la garde nationale voulut, malgré le froid, faire sa veillée d'arme avec la troupe de ligne. A la lueur des feux, on remarquait, du haut des bateaux à vapeur, les factionnaires qui se relevaient, les patrouilles qui passaient et repassaient silencieuses ; on entendait le *qui vive* des factionnaires qui se répétait au loin d'écho en écho.

Le lendemain, dimanche 13, au point du jour, les tambours battirent la *diane*, les trompettes y répondirent de la hauteur, les canons de la garde nationale et les obusiers de la *Dorade* échangèrent leurs saluts. Napoléon, se relevant de son cercueil, eût pu se croire au milieu d'un camp.

Dans la nuit, le duc d'Aumale était venu joindre son frère à bord. L'abbé Coquereau prit leurs ordres. C'était le dernier dimanche qu'il devait passer auprès des restes mortels de l'Empereur. A dix heures du matin, il monta à l'autel pour célébrer la messe devant le cercueil. Les deux princes, à la tête des états-majors, étaient debout, découverts ; les généraux Bertrand et Gourgaud se tenaient au pied du catafalque, dans un profond recueillement ; et autour de la *Dorade* s'étaient rangés en ordre tous les autres bâtiments, dont les équipages couvraient les ponts. Les troupes et les gardes nationales, en bataille, l'arme au pied ; le clergé de la ville, croix et bannière en tête, étaient venus spontanément s'échelonner sur les deux rives ; et, malgré la rigueur du froid, les populations de Poissy et des communes voisines, hommes, femmes, enfants, vieillards, se groupaient tête nue et agenouillées sur les bords. Le silence qui régnait dans ces masses ferventes n'était interrompu que par le bruit du canon et les harmonies funèbres de la musique du prince qui montait le *Zampa*. Tout le long de la route, à travers les villages et les villes, elle avait semé en passant les vieux accords de la *Marseillaise* et du *Chant du départ*, auxquels plus d'une fois les musiques des gardes nationales et de la ligne avaient répondu avec effusion.

Après la messe, suivie de l'absoute, la flottille se remit en route, accompagnée des vœux des habitants, dont un grand nombre l'escortèrent long-temps à la course. Elle vit, sur son chemin, Achères ; Andresy, célèbre position militaire des Romains, des Normands, des Anglais, un des villages choisis pour les conférences qui devaient amener la conversion de Henri IV, localité fière encore de son église élégante et hardie ; Conflans-Saint-Honorine, avec son joli port ; Herblay et le hameau du Val, avec leurs gracieuses îles ; Lafrette, adossé à une colline abrupte; Sartrouville; et enfin Maisons, où l'on devait passer la nuit ; Maisons, dont le château, construit par Hardouin-Mansard, reproduit le style des pavillons des Tuileries; Maisons, qui compte parmi ses hôtes Louis XVI, Marie-Antoinette, Charles X, Napoléon, le maréchal Lannes, et qui est aujourd'hui la propriété de M. Jacques Laffitte.

Un peu avant la nuit, la flottille passa le pont qui fait face au château. Elle alla mouiller un peu plus loin. Le temps était noir et froid. On entendait encore sur le pont et sur les rives quelques cris de *vive l'Empereur!* Depuis deux jours, on annonçait une députation de pairs et de députés, devançant la population parisienne et venant déposer un premier hommage sur le cercueil de l'Empereur. C'était à Maisons surtout qu'on l'attendait. Elle ne parut pas. En revanche, les fils du général Bertrand vinrent embrasser leur père; et dans la soirée, le duc d'Orléans vint aussi visiter son frère. On sentait l'approche de Paris et la fin des tortures physiques. Pourtant ce n'était pas sans regret qu'on voyait finir ce saint pèlerinage. Combien de personnes auraient voulu être à la place des voyageurs !

Le lundi 14, la flottille s'ébranla de bonne heure pour fournir sa dernière étape. Le temps était magnifique, bien que très-froid ; le soleil brillait dans tout son éclat. S'il n'eût point paru ce jour là, peut-être la Seine eût-elle commencé à charrier ; il était temps qu'on arrivât. A dix heures, on longeait la magnifique terrasse de Saint-Germain et le château, berceau de Louis XIV. Rien de plus pittoresque que le coup d'œil qu'offrait le pont du Pecq, tout décoré d'inscriptions et de faisceaux de drapeaux tricolores, avec les maisons des deux rives pavoisées ; l'amphithéâtre de Saint-Germain, couvert de peuple ; la ligne, les lanciers, les gardes nationales des communes voisines ; auxquelles celle de Versailles avait joint de nombreux détachements, garnissant les bords du fleuve ; les autorités du département, jointes à celles de la ville ; un orchestre considérable, formé des musiciens de divers régiments exécutant des symphonies funèbres, interrompues toutes les cinq minutes par les salves de l'artillerie des gardes nationales de Saint-Germain et de Versailles ; la *Dorade* n° 3 répondant à ces salves ; des flots épais de populations en habit de fête faisant retentir l'air des cris de *vive le Roi! vive l'Empereur ! vive la France! vive le prince de Joinville ! vivent les marins de Sainte-Hélène !* acclamations auxquelles tous les équipages répondaient chapeau bas, y mêlant des vœux fraternels pour la garde nationale et la ligne. Le matelot était électrisé.

Déjà on remarquait des fiacres, des voitures, d'élégantes toilettes de Paris; la multitude de la capitale et des faubourgs, profitant de la demi-solennité du lundi, était là aussi, compacte, patriotique, animée. Jusqu'à Courbevoie ce ne sera plus qu'une marche triomphale. Les deux rives ont disparu sous des masses de population; plusieurs cavaliers, des piétons même, ne perdront plus de vue l'escadrille qu'ils suivent à la course.

Même affluence à Marly, ce village trop renommé pour sa machine et pas assez pour ses délicieuses campagnes, à Bougival, dans tous les environs. On aperçoit la Malmaison, cette ancienne demeure de la bonne Joséphine, témoin de tant d'actes de magnanimité de Napoléon; la Malmaison, où il coucha pour la dernière fois avant de se rendre à Rochefort, d'où il allait mourir à Sainte-Hélène. Les croisées de la demeure impériale sont garnies de dames en grand deuil, qui sont venues payer un dernier hommage aux restes mortels de celui dont la mémoire remplit ces lieux.

A midi et demi, la flottille arrivait à Chatou, où elle recevait les mêmes honneurs militaires. Les gardes nationales de Sèvres et de Saint-Cloud y étaient accourues dès le jour. La troupe de ligne, casernée à Rueil, était venue aussi présenter les armes au cercueil de Napoléon. La foule couvrait le pont et les deux rives. A Croissy, à Carrières, à Bezons, à Argenteuil, même enthousiasme. A Épinay, les fenêtres du château sont garnies de dames en grand deuil, agitant leurs mouchoirs, en criant : *Vive l'empereur !*

Enfin on approche de Saint-Denis, cette ville qui doit tant à Napoléon. Là dorment les rois de France ; mais ce n'est pas là que le grand empereur doit dormir ; il lui faut la voûte des Invalides et un lit de drapeaux conquis. Les gardes nationaux de Saint-Denis, d'Épinay, de Pierrefitte, de Stains, de beaucoup d'autres communes s'étaient rendus de bonne heure sur le terrain, tambours et musiques en tête. Ce jour, les soldats-citoyens étaient au grand complet. Une tente majestueuse avait été dressée en face de l'île pour les autorités civiles et militaires et pour le clergé : on lisait sur le fronton : *Honneur, Napoléon, Patrie.* A une heure et demie, M. Lucien Méchin, sous-préfet, M. Brisson, maire de la ville, et tout le conseil municipal, précédés du clergé de l'église royale de Saint-Denis et de tous les membres du chapitre, ayant à leur tête M. Rey, ancien évêque de Dijon, et escortés par la gendarmerie départementale, par les compagnies du troisième régiment du génie et par la garde nationale, s'étaient mis en marche pour l'estrade qui leur était destinée.

À deux heures, un premier coup de canon annonçait l'approche de la flottille impériale. Cinq minutes plus tard, on distinguait à travers l'île, à la hauteur d'Épinay, les couleurs nationales flottant sur la *Dorade* et sur son escorte. Bientôt on aperçut la *Parisienne*. La garde nationale présenta les armes; plusieurs salves d'artillerie se firent entendre. La *Dorade* y répondit. L'escadrille, arrivée à la hauteur de la tente, se plaça en ordre de bataille. Près du cercueil, on voyait debout le prince en grand uniforme, les généraux Bertrand et Gourgaud, l'aumônier qui récitait des prières. La musique du *Zampa* exécutait des symphonies funèbres. La *Dorade* occupait le milieu du fleuve en face du temple. L'évêque Rey, assisté de tout le clergé, prononça l'absoute. On remarquait avec attendrissement les jeunes pensionnaires de la Légion-d'Honneur, ces pupilles du héros, en grand deuil, placées à côté de l'estrade dans une tribune réservée. Tout le monde était ému et recueilli.

Plus on approchait de la capitale, plus l'af-

9

fluence était grande. Tout Paris semblait s'être élancé à la rencontre de celui qui l'avait fait si grand. Entre Saint-Ouen et Clichy, un groupe de dames fixa l'attention de la flottille ; elles agitaient leurs mouchoirs, elles les agitaient encore ; elles voulaient être reconnues ; les regards des passagers se dirigeaient en vain de ce côté ; la distance était trop grande. Enfin le prince monte sur le pont. « Ma mère ! s'écria-t-il, c'est ma mère ! » Et se reprenant : « Messieurs, ajoute-t-il, c'est la reine ! » et le cri de : « *Vive la reine !* » retentit sur l'escadrille. Marie-Amélie avait hâte de revoir son enfant ; mais elle était reine ; il avait ses devoirs à remplir ; elle ne pourra l'embrasser que le lendemain au soir, après qu'il aura déposé le cercueil impérial sous le dôme des Invalides.

Le château de Saint-Ouen, ce berceau de la charte de 1814, cet ancien séjour de la favorite de Louis XVIII, est entièrement fermé, comme en signe de deuil : la restauration n'a jamais compris les gloires de l'empire.

Comme la flottille passait sous le pont d'Asnières, un pigeon s'abattit sur la *Dorade* ; il se laissa prendre ; et on l'apporta au prince. Il avait un billet attaché sous l'aile : nouveau souvenir d'une mère.

Là on retrouva le bateau-catafalque, que la

violence du vent n'avait pas permis d'amener au Val-de-la-Haye.

L'*Etoile n° 3* fut chargée de le remorquer, et elle y réussit, aidée d'un bon vent d'arrière ; mais le cercueil ne Napoléon n'y fut point déposé. Et si ce bateau monumental vint à Paris à la suite du convoi, ce fut comme une curiosité inutile de plus au milieu de tant de curiosités inutiles.

On était à la hauteur de Clichy, dont l'église fut construite et desservie par saint Vincent de Paul. La garde nationale et les autorités avaient bivouaqué sur les bords du fleuve, ainsi que les anciens militaires de la commune, dont plusieurs avaient appartenu à la garde impériale. On remarquait à leur tête le brave général Roguet, pair de France, ancien colonel des grenadiers à pied. Malgré son âge et ses infirmités, il avait voulu joindre ses hommages à ceux du village qu'il habite depuis un demi-siècle. Le curé était près de lui avec son clergé ; et la cloche de la paroisse sonnait dans le lointain.

Bientôt l'escadrille pénétra au milieu des îles que forme la Seine dans ces parages. Le parc de Neuilly s'étendait à gauche comme un rideau. Peu après, le pont de Courbevoie dessina ses arches hardies : l'expédition atteignait la dernière étape de son itinéraire. Au débarcadère

de Courbevoie, Napoléon touchera pour la première fois la terre de France. A droite s'élève

un temple funèbre qui demain recevra son cercueil ; à l'extrémité du pont, une magnifique
colonne rostrale ; sur le pont même, la statue
de Notre-Dame-de-la-Garde, devant laquelle
s'inclinent les matelots de Sainte-Hélène. Tandis que la flottille jette l'ancre, le soleil se couche dans un océan de pourpre.

Le prince, presque aux portes de la demeure
royale de sa famille, dut rester à bord toute la
nuit. Il n'avait pas quitté un instant les dépouilles de l'empereur depuis qu'il les avait reçues ;
il était décidé à ne s'en séparer que dans l'é-
glise des Invalides. Mais les ducs d'Orléans,
de Nemours et d'Aumale vinrent voir leur frère,
et firent une religieuse station au pied du cercueil du héros. Le maréchal Soult, l'amiral

Duperré, M. Duchâtel, ministre de l'intérieur, montèrent aussi à bord de la *Dorade*. On fut sur pied jusqu'au matin.

Enfin le mardi 15 décembre a lui. C'est le jour où le convoi funèbre fera son entrée solennelle dans cette capitale que Napoléon a tant embellie, dont il a fait la métropole des beaux-arts, et où il est impossible à l'étranger de faire un pas sans recueillir un souvenir du grand homme. Depuis la veille la circulation est interceptée sur le pont de Courbevoie, occupé par la garde nationale.

Au bruit de l'artillerie de la *Dorade*, à laquelle répondaient l'artillerie de terre et dans le lointain le canon des Invalides, tous les passagers de la flottille, tous les officiers, tous les marins de la *Belle-Poule* et de la *Favorite* mirent pied à terre. Les matelots de la *Belle-Poule* prêtèrent encore leurs robustes épaules au précieux cercueil qui s'avança majestueusement vers cette première halte du débarcadère. Déjà apparaissait sur le pont, roulant avec lenteur, ce magnifique char impérial que tout Paris a vu, et qui résumait toute la cérémonie, avec ses statues colossales de victoires et son immense bouclier, ses faisceaux d'armes, ses draperies violettes, ses abeilles, ses aigles, ses foudres, ses palmes, ses lauriers, ses chiffres impériaux, ses quatre roues de chars antiques et son attelage de seize chevaux aux plumes blanches flottantes et aux caparaçons d'or, conduits par deux piqueurs à cheval, et par seize piqueurs à pied aux livrées impériales.

Quand l'église, qui n'avait manqué nulle part au passage du héros restaurateur de la religion, eut répandu de ferventes prières sur son corps, déposé sous le dôme élégant du temple, le cercueil fut encore emporté par les matelots de la *Belle-Poule* et placé sur le char

funèbre. La batterie qui occupait les abords du
pont le salua d'une salve de 24 coups de canon, et le cortége se mit en marche à dix heures du matin, au son des cloches de toutes les
églises de Paris et du bourdon de Notre-Dame.

Nous ne décrirons point ici cette pompeuse
cérémonie que les cent voix de la presse ont
racontée à toute la France : ces gardes nationales et ces troupes de ligne formant la haie,
depuis le pont de Courbevoie jusqu'à l'hôtel
des Invalides ; l'arc de triomphe de l'Étoile
surmonté de l'apothéose de celui qui en conçut
le plan et qui en posa la première pierre ; la
gendarmerie, la garde municipale, les lanciers, les cuirassiers, les dragons, l'école
de Saint - Cyr, l'école Polytechnique, l'é-
cole d'État-Major, l'artillerie, le génie, les
vétérans, l'aumônier de Sainte-Hélène, un
corps de musique funèbre, le cheval de bataille

de Napoléon , portant le harnachement qui lui servait quand il était premier consul; les officiers généraux de terre et de mer ; 24 sous-officiers décorés, de tous les corps de cavalerie; la commission de Sainte-Hélène ; 34 sous-officiers décorés, de l'infanterie; les maréchaux de France ; les 86 sous-officiers portant les ban-

nières des 86 départements ; le prince de Join-ville et son état major; les marins de la *Belle-Poule* et de la *Favorite* , entourant le char funèbre; deux maréchaux , un amiral et le lieutenant-général Bertrand , portant les cordons du poêle impérial; les anciens officiers ci-

vils et militaires de la maison de l'Empereur ;
les deux préfets de la Seine et les autorités mu-
nicipales ; les anciens militaires de la grande
armée avec leurs vieux uniformes ; la députation d'Ajaccio, patrie de Napoléon ; les officiers
en retraite, etc., etc.

Nous ne décrirons pas non plus cette longue
allée des Champs-Élysées, formant une majestueuse avenue de bannières, de trophées, de statues ; la place et le pont de la Concorde avec
leurs 8 statues allégoriques et leurs 4 colonnes
triomphales ; le nouveau fronton de la chambre
des Députés découvert, une statue colossale de
l'Immortalité sur le perron ; puis le quai d'Or-
say et l'esplanade des Invalides décorés de 32
statues de rois et de guerriers, et, entre les statues, des trépieds d'où jaillissaient des flammes.
Tout cela était pompeux, magnifique, admirable ; mais, comme l'abbé Coquereau, appelez-en
à ceux qui ont vu le cortége funèbre remonter
la Seine : ce cercueil drapé d'un manteau de roi,
sur le pont d'un bateau, isolé, solitaire, sans ornements autres que la croix, cet autel autour duquel priaient un prêtre, quelques vieux
serviteurs et un jeune prince debout, cette
simplicité ne parlait-elle pas à l'âme un langage bien plus éloquent ?

Du reste, ce jeune prince dont la France

connaissait déjà la conduite pleine de tact et
de convenance dans une mission si délicate et
si difficile, était accueilli sur son passage par
la population parisienne, avec des sympathies
qui s'adressaient encore aux officiers et aux
marins de la *Belle-Poule* et de la *Favorite*,
dont la tenue grave et simple et le recueillement profond excitaient l'admiration générale.

Cependant la flottille, qu'on avait laissée à
Courbevoie, levait l'ancre et se mettait en route
pour Paris. Cette courte traversée paraissait
aux capitaines plus dangereuse que le voyage
entier du Val-de-la-Haye à Courbevoie, à cause
des ponts sous lesquels il faut passer et qui ne
sont pas destinés à des bâtiments d'un aussi
fort tonnage. On avait de plus à traîner le
grand bateau catafalque. Le trajet s'accomplit
heureusement sans la moindre avarie. C'était un
spectacle curieux que ces dix bateaux sur lesquels, il n'y a qu'un instant, se pressaient de si
nombreux équipages, maintenant déserts et
presque abandonnés ; que ces deux rives de la
Seine ordinairement si tumultueuses ; ces villages de Puteaux, de Suresne, de Saint-Cloud,
de Boulogne, de Sèvres, d'Issy, d'Auteuil, de
Passy, toujours si vivants ; ces ponts, théâtres
d'une circulation continuelle, tout ce beau
pays métamorphosé subitement en une affreuse

solitude. On ne rencontra pas quatre personnes
de Courbevoie aux portes de Paris ; la dépo-
pulation était universelle ; tout le monde avait
abandonné dès le jour son habitation et ses affaires pour courir se ranger sur le passage du
cortége : la ville et la banlieue étaient tout entières dans l'avenue des Champs-Élysées et sur
l'esplanade des Invalides.

A une heure et demie la flottille, remorquant
le bateau catafalque, mouillait devant le monument construit par Louis XIV et peuplé par
Napoléon. En ce moment, le char funèbre approchait du pont de la Concorde. A deux heures il s'arrêta à la grille de l'hôtel des Invalides,

décorée d'une tenture noire, rehaussée d'argent et d'or, soutenue par deux colonnes triomphales et de nombreux faisceaux de lances. La cour d'entrée était disposée en avenue au moyen de riches candélabres. La cour d'honneur avait été métamorphosée en une magnifique salle d'armes du plus belliqueux effet. L'église par sa riche tenture de deuil était digne des funérailles de celui qui fut Empereur des Français. Porté sur les épaules des marins qui l'avaient escorté pendant tout le trajet, le cercueil arriva sous le dôme, où le roi, entouré de toutes les illustrations de l'état, s'était avancé pour le recevoir. Louis-Philippe pressa la main de son fils : « Sire, dit le jeune prince, je vous remets le corps de l'empereur Napoléon. — Je le reçois au nom de la France, » répondit le roi, et se tournant vers le général Bertrand : « Général, ajouta-t-il, je vous charge de placer la glorieuse épée de l'Empereur sur son cercueil. »

Cependant un autre compagnon d'exil du grand homme, victime d'une tentative qui ne pouvait pas réussir, le général Montholon, était prisonnier au fort de Ham, avec le propre neveu du héros, le prince Napoléon-Louis Bonaparte. Dès le 1er novembre, le général avait écrit au maréchal Soult, lui demandant, prisonnier, comme une grâce, ce que, libre, il aurait réclamé comme un droit, la faveur d'accompagner jusqu'à leur dernière demeure les dépouilles mortelles de l'Empereur. Il promettait, ce pieux et filial devoir accompli, de se reconstituer prisonnier, au sortir du cortége funèbre. Il rappelait que Napoléon avait dit que ses services à Sainte-Hélène avaient été les soins d'un fils; qu'il l'avait nommé son premier exécuteur testamentaire, et avait voulu qu'il eût l'insigne honneur de recevoir son dernier soupir et de lui fermer les yeux.

Quant au prince, du fond de sa prison, il s'adressait, le 15 décembre même, aux mânes de son oncle, et leur disait : « Sire, vous revenez dans votre capitale; et le peuple en foule salue votre retour ; moi je ne puis apercevoir qu'un rayon du soleil qui éclaire vos funérailles. —N'en veuillez pas à votre famille de ce qu'elle n'est pas là pour vous recevoir : votre exil et vos malheurs ont cessé avec votre vie; les nôtres durent toujours. —Vous êtes mort sur un rocher, loin de votre patrie et loin des vôtres; la main d'un fils n'a point fermé vos yeux ; aujourd'hui encore aucun parent ne conduira votre deuil. —Un vaisseau français, conduit par un noble jeune homme, est allé réclamer vos cendres; mais c'est en vain que vous cherchez sur le pont quelqu'un des vôtres, votre famille n'y était pas ! »

Cette invocation, dont nous ne citons que quelques phrases, a été publiée par les journaux anglais. Quelques personnes ont refusé de croire à son authenticité. On peut la garantir, on a vu la pièce entière écrite de la main du prince.

La cérémonie terminée aux Invalides, de pieux pèlerinages s'accomplirent, pendant dix jours, à cette église ; sur toute l'avenue bordée de statues et de trophées qu'avait suivie le cortége ; sur les rives de la Seine, où flottaient l'escadrille et le bateau catafalque ; à l'arc de l'Étoile, sous lequel on avait déposé le char impérial ; et au débarcadère de Courbevoie. En dépit de l'intempérie de la saison, la foule était si considérable aux abords des Invalides, que, malgré toute la vigilance des troupes, de graves désordres, de regrettables accidents ont eu lieu. Mais, une fois arrivée dans le sanctuaire, la multitude circulait avec calme et recueillement. 100,000 personnes environ ont été admises journellement. On porte le nombre total des visiteurs à plus d'un million.

Les marins de la *Belle-Poule* et de la *Favorite* furent casernés à l'École-Militaire du côté du Champ-de-Mars. Il leur fut accordé une

gratification d'un mois de solde de campagne.
La population parisienne leur fit le plus affec-
tueux accueil; il y eut bientôt sympathie complète entre la garde nationale et ces enfants
de la mer; les ouvriers surtout avaient à cœur
de fêter ceux qui avaient fait partie de l'expédition de Sainte-Hélène; et ceux-ci, en échange,
partageaient fraternellement avec eux les reliques qu'ils en avaient rapportées. La conduite
des équipages fut parfaite durant leur séjour
dans la capitale. On comprend, d'après cela,
que le prince, qui a su les apprécier, ne soit
pas pressé de les quitter; qu'il ne tienne pas
beaucoup à échanger ses épaulettes de capitaine
de vaisseau contre celles de contre-amiral et
l'activité de la mer contre l'oisiveté de terre.
Du reste, le jeune commandant a traité ses
hommes de bord en enfants gâtés : ils ont vu,
grâce à lui, l'Ambigu-Comique et ses horreurs,
l'Opéra, le *Diable amoureux* et ses fugitives
sylphides. Les officiers des deux bâtiments,
tous fort instruits, fort distingués, quoique la
plupart jeunes encore, n'ont pas manqué de
produire une grande sensation dans le monde.
Ils ont dîné au château, chez les ministres de
la guerre et de la marine et dans plusieurs
maisons des plus recommandables.

Le 26, les marins de la *Belle-Poule* et de

la *Favorite* sont partis en bon ordre de l'E-
cole-Militaire, commandés par le prince et tambours et musique en tête. Parvenus aux Tuileries, à la salle des Maréchaux, ils y ont vu
bientôt arriver le roi, la reine, les princesses, les
ducs de Nemours et d'Aumale, et l'amiral Duperré. Le roi a passé devant le front de bataille
au milieu des acclamations de ces braves matelots ; puis, ayant fait former le cercle et s'étant
placé au centre, il a ordonné au prince d'ouvrir
le ban et a témoigné aux marins toute la satisfaction que lui avait fait éprouver leur conduite
dans la mission qu'ils venaient de remplir.
« J'ai voulu, a-t-il ajouté, que vous escortiez
jusqu'au sein de la capitale le corps de l'Empereur Napoléon, que je m'estime heureux d'avoir
rendu à la France. J'ai donné à la marine un
gage bien cher à mon cœur de l'affection que
je lui porte, en plaçant mon fils dans ses rangs;
et j'étais impatient de vous dire combien je
jouis de la confiance et de l'affection qu'il vous
inspire. Dans quelques lieux, dans quelques
parages que vous conduise votre devoir envers
votre patrie, vous le trouverez toujours prêt à
soutenir avec vous l'honneur du nom français
et la gloire de notre pavillon. »

Alors le roi a décoré lui-même l'abbé Coquereau, puis un maître de timonerie, un maître

de manœuvre, un capitaine d'armes, un matelot, vieux loup de mer, qui, au dire de tous, le méritaient depuis long-temps; ensuite le prince a fait fermer le ban et a défilé devant le roi à la tête de ses marins. Déjà le capitaine de corvette Guyet avait été promu au grade de capitaine de vaisseau; le lieutenant de vaisseau Le Guillou Penanros, au grade de capitaine de corvette; et l'enseigne de vaisseau Béral de Sédaiges, au grade de lieutenant de vaisseau. Depuis, l'abbé Coquereau a été nommé chanoine de Saint-Denis.

Le roi, à l'occasion de cette revue, a fait remettre aux commandants de la *Belle-Poule* et de la *Favorite* une somme de 3,000 francs à distribuer entre les marins; et le prince leur a annoncé que chacun d'eux recevrait une médaille d'or commémorative de l'expédition de Sainte-Hélène, précieux héritage qu'ils légueront tous à leurs enfants.

Le 30 décembre, les princes de Joinville et d'Aumale ont réuni au pavillon de Henri IV, sur la terrasse de Saint-Germain, dans un dîner d'adieux, les officiers des deux bâtiments prêts à se mettre en route pour Cherbourg. Le couvert était mis dans le salon où naquit Louis XIV. L'échange des sentiments les plus sympathiques a rendu cette fête touchante. Des toasts ont été portés à la France, au roi, à la marine, à l'armée.

L'état de la rivière ne permettant pas que le trajet jusqu'au Hâvre eût lieu par les bateaux à vapeur, les équipages sont partis à pied sous le commandement de M. Guyet. La bonne conduite de ce bataillon d'élite ne s'est pas démentie sur toute la route. Partout les braves marins ont été reçus à bras ouverts. Quoique peu habitués à voyager par terre, ils sont arrivés au Hâvre, n'ayant laissé en chemin que trois malades, dont deux ont rejoint depuis. Le bateau à vapeur qui les attendait dans ce port les a immédiatement transportés à Cherbourg.

Voilà un grand acte de réparation nationale accompli. Il lui manque seulement deux corollaires que la chambre ne refusera pas aux vœux d'un grand nombre de ses membres, aux vœux de la France entière. Que le chef-lieu du département de la Vendée, cette ville que l'Empereur a fondée, reprenne son nom ! Que l'effigie du héros reparaisse sur la décoration de la Légion-d'Honneur, cet ordre populaire dont personne ne peut lui disputer la création !

Au moment où l'historiographe de la flottille va déposer la plume, le bruit se répand que le vaisseau anglais, le *Bellérophon*, à bord duquel

Napoléon fut odieusement retenu prisonnier, lorsqu'il vint en 1815 se confier à la foi britannique, s'est brisé, il y a quelques semaines, sur les côtes de Syrie. En vérité, il y aurait quelque chose de providentiel dans la succession rapide de cette catastrophe à la rentrée en France des restes mortels du glorieux captif.

NOTES.

I.

Etat nominatif des officiers composant les états majors des bâtiments présents à Sainte-Hélène, le jour de l'exhumation des restes mortels de l'Empereur Napoléon.

FRÉGATE LA BELLE-POULE.

S. A. R. monseigneur le prince de Joinville, capitaine de vaisseau, commandant.

MM.

Hernoux (Claude-Charles-Etienne), capitaine de vaisseau, aide-de-camp de S. A. R.

Touchard (Philippe-Victor-Joseph), lieutenant de vaisseau, officier d'ordonnance de S. A. R.

Charner (Léon-Victor-Joseph), capitaine de corvette, commandant en second.

Le Guillou-Penanros (Théophile-Fortuné-Hyacinthe), lieutenant de vaisseau.

Penhoat (Jérôme-Hyacinthe), lieutenant de vaisseau.

Fabre-Lamaurelle (François-Marie-Sosthène), lieutenant de vaisseau.

Bazin (Jean - Marie - Alexandre), enseigne de vaisseau.

Bonie (Charles-Joseph-Jacques-Benjamin), enseigne de vaisseau.

Chedeville (Alphonse), commis d'administration.

L'abbé Coquereau (Félix), aumônier.

Guillard (Julien-Bernard-Remy), chirurgien de 1re classe.

Roujoux (Antoine - Hippolyte), élève de 1re classe.

De Bovis (Esprit-Joseph - Edmond), élève de 1re classe.

Godleap (Théophile-Louis-Henri), élève de 1re classe.

Gervais (Alexandre-Charles-Gilbert), élève de 2e classe.

Jouan (Henri), élève de 2e classe.

D'Espagne de Venevelles (Jacques), élève de 2e classe.

Jauge (Louis-Edouard), élève de 2e classe.

De Suremain (Frédéric-Alexandre-Etienne), élève de 2e classe.

Perthuis (Edouard-Charles-Ernest-Marie), élève de 2ᵉ classe.

Bourdel (Charles-Hilarion), chirurgien de 3ᵉ classe.

Thibaut (Louis-Léon), chirurgien de 3ᵉ classe.

CORVETTE LA FAVORITE.

MM.

Guyet (Charles-Jean-Baptiste), capitaine de corvette, commandant.

Lalia (Camille-Jean-Marie-Augustin), lieutenant de vaisseau.

Béral de Sédaiges (Martial-Théobald), enseigne de vaisseau.

Narbonne (Noël-Frédéric), enseigne de vaisseau.

Jacques-Lapierre (Simon-Louis), enseigne de vaisseau.

De Trogoff-Coattalio (Charles-Louis), enseigne de vaisseau.

Gilbert-Pierre (Octave-Bernard), commis d'administration.

Arlaud (François-Charles-Joseph), chirurgien de 2ᵉ classe.

Guillabert (Louis-Victor), chirurgien de 3ᵉ classe.

Fabre (Jean-François-Marie), volontaire de la marine.

Meynard (Charles-Louis Antoine-Octave-Dieu-donné-Victor), élève de marine de 2ᵉ classe.

Fages (Martin-Esprit-Abel), volontaire de la marine.

BRICK L'ORESTE.

MM.

Doret (Louis-Isaac), capitaine pe corvette, commandant.

Gachot (Pierre-Claude), lieutenant de vaisseau.

Thoyon (Jean-Alfred), enseigne de vaisseau.

Pujol (Louis-Joseph), enseigne de vaisseau.

Gicquel (Destouches - Alfred), enseigne de vaisseau.

Lainé (Edouard), commis d'administration.

Bionard (Félix), chirurgien de 2ᵉ classe.

Turin (Albert-Joseph), élève de 1ʳᵉ classe.

Cels (Eugène-Alexandre), volontaire de la marine.

Aubert (Alexandre-Hildevert), volontaire de la marine.

Marquer (Eugène), chirurgien de 3ᵉ classe.

II.

Translation du cercueil de Napoléon.

Le ...., à midi, a eu lieu la translation du cercueil de Napoléon, du chœur de l'église des Invalides, où il était demeuré depuis la cérémonie funèbre du 15 décembre, dans la chapelle Saint-Jérôme, disposée à cet effet. Cette translation a été faite en présence du maréchal Moncey, gouverneur, et de M. le général Petit, commandant des Invalides, de l'état major de l'hôtel, de la division d'officiers et des treize divisions d'invalides. Un très-petit nombre de personnes, parmi lesquelles M. le général Gourgaud, M. de Las Cases fils, M. Marchand, et quelques autres membres de la mission de Sainte - Hélène avaient naturellement leur place, ont été admises à cette imposante cérémonie.

La messe a été célébrée par le curé des Invalides, assisté de son clergé. M. le maréchal Moncey, malgré son état de souffrance et la rigueur de la saison, s'est fait porter à bras dans l'église, et est resté jusqu'à la fin du service. Quatre officiers supérieurs des Invalides tenaient les coins du poêle.

Après la messe, le cercueil, décoré comme il l'était au 15 décembre, et surmonté, vers la tête, de la couronne impériale, et, vers les pieds, de l'épée et du petit chapeau, a été mis en mouvement sur un plan incliné, construit en charpente, et amené jusque sur l'estrade établie dans la chapelle Saint-Jérôme. Cette sorte de *rail* et la charpente qui entourait l'estrade ont été enlevés avec une inconcevable rapidité, et le cercueil a paru tel qu'il doit être jusqu'au jour où sera achevé son revêtement de marbre.

Alors le maréchal et les autres assistants ont été introduits dans la chapelle. Un *De Profundis* a été chanté en faux-bourdon par le clergé et par les artistes attachés à la musique de l'hôtel. L'eau bénite a été de nouveau jetée sur le cercueil, et l'assistance s'est retirée dans un profond recueillement.

La chapelle Saint-Jérome, magnifiquement et sévèrement ornée, répond parfaitement à la destination qu'elle a reçue. M. Cavé, directeur des beaux-arts au ministère de l'intérieur, et M. Charles Baudouin, directeur des pompes funèbres, qui assistaient également à la cérémonie, ont droit à de justes éloges. Une tenture en velours violet, semée d'or, revêt les colonnes à chapiteaux dorés, et tapisse les entre-colonnements de la chapelle circulaire; la fri.e est également ornée de velours à franges d'or ; et un tapis de la même couleur et de la même richesse recouvre les dalles du parvis.

Dans le fond de la chapelle , en face de l'entrée , s'élève le cercueil, recouvert de son magnifique poêle impérial , sur une estrade haute de six pieds, également revêtue de velours violet. Derrière la tête du cercueil est un vaste trophée, composé de quarante-huit drapeaux conquis sur l'ennemi , au-devant desquels plane un grand aigle d'or. Derrière le trophée paraît une large croix d'argent sur velours noir.

Dans les quatre entre-colonnements sont des trophées antiques, formés d'armes et de palmes, et portant inscrits sur leurs boucliers les noms célèbres de Marengo, Austerlitz , Wagram et Iéna. Des candélabres funéraires , placés dans les entre-colonnements , et une lampe sépulcrale suspendue à l'entrée, éclairent seuls l'intérieur de la chapelle. Toute cette décoration funèbre est digne de la grandeur et de la majesté que se proposait dans cette œuvre le gouvernement du roi.

Une grille fermera la chapelle Saint-Jérôme et permettra aux regards de contempler cette glorieuse sépulture.

III.

Anniversaire de la mort de Napoléon.

Une messe commémorative de la mort de Napoléon doit être dite chaque année dans l'église des Invalides, le 5 mai. Cette année (1841), elle a commencé à onze heures précises. Le chœur était tendu de velours violet, jusqu'à la hauteur des travées ; il brillait de l'éclat des girandoles et des candélabres funéraires. Au-dessus de l'autel se développait une immense bannière, aux armes de l'Empire, surmontée d'un aigle d'or, aux ailes déployées. Sur un coussin, également en velours, était posée la couronne d'or, votée par la ville de Cherbourg et qui devait être déposée sur le cercueil de Napoléon.

Le clergé et l'état-major de l'hôtel étaient placés dans le sanctuaire, ainsi que MM. les maréchaux, les pairs, les députés, les magistrats des cours supérieures.

Des places avaient été réservées dans l'intérieur du dôme pour les officiers généraux et supérieurs, les officiers de la ligne et de la garde nationale, les personnes qui ont été attachées à l'Empereur, les fonctionnaires publics en uniforme et les membres de la Légion-d'Honneur. Venaient ensuite les députations des corps de la garnison, en regard des officiers, sous-officiers et soldats invalides qui n'étaient pas de service ; puis les divers corps militaires , la garde d'honneur fournie par la place, et la garde d'honneur des légionnaires invalides.

Une messe, de la composition de M. Méré , organiste accompagnateur de Saint-Roch , a été chantée par le clergé et exécutée par la musique du 66e de ligne. M. le curé des Invalides a officié ; l'absoute a été prononcée par M. l'abbé Auger, un des grands vicaires de l'archevêché. Puis M. le maréchal Moncey, entouré de ses aides de camp et accompagné de M. le général Petit, a été porté dans la chapelle Saint-Jérôme ; et là, en présence des maréchaux Molitor et Grouchy, d'autres maréchaux , d'officiers généraux et supérieurs, de hauts fonctionnaires, de pairs et de députés, et des membres de la mission de Sainte-Hélène , il a reçu des mains de M. le maire de Cherbourg la couronne d'or , votée par le conseil municipal de cette ville. Cette couronne a été déposée aussitôt sur le cercueil où figuraient déjà l'épée et le chapeau de l'Empereur.